Todos los libros de Linkgua Ediciones cuentan con modelos de Inteligencia Artificial entrenados por hispanistas. Pregúntale al chat de tu libro lo que desees acerca de la obra o su autor/a.

Para **ebooks:** Accede a nuestro modelo de IA a través de un enlace.

Para **libros impresos:** Escanea el código QR de la portada con tu dispositivo móvil.

Obtén análisis detallados de nuestros libros, resúmenes, respuestas a tus preguntas y accede a nuestras ediciones críticas generativas para una experiencia de lectura más enriquecedora.
La transparencia y el respeto hacia la autoría de las fuentes utilizadas son distintivos básicos de nuestro proyecto. Por ello, las respuestas ofrecen, mediante un sistema de citas, las fuentes con las que han sido elaboradas.

Pablo de la Torriente Brau

Álgebra y política y otros textos

Barcelona 2025
Linkgua-ediciones.com

Créditos

Título original: Álgebra y política y otros textos de Nueva York.

e-mail: info@linkgua.com

Diseño cubierta: Michel Mallard

ISBN rústica ilustrada: 978-84-9897-4300.
ISBN tapa dura: 978-84-1126-155-5.
ISBN ebook: 978-84-9897-433-1.

Sumario

Brevísima presentación

La vida

Pablo de la Torriente Brau (San Juan, Puerto Rico, 19-12-1901-Majadahonda, Madrid, 19-12-1936).

De niño fue con su padre a Santander, España, y de ahí pasó a La Habana. Después, en Santiago de Cuba, estudió hasta tercer año de bachillerato. En 1919 se estableció en La Habana. Interrumpió sus estudios por razones económicas, aunque más tarde obtuvo el título de bachiller.

En La Habana, fue secretario de Fernando Ortiz. Se inició en el periodismo en El Nuevo Mundo y en El Veterano (1920). Por esa época conoció a Rubén Martínez Villena. Su intensa actividad política le impidió seguir sus estudios de Derecho Diplomático y Consular en la Universidad de La Habana. El 30 de septiembre de 1930 fue herido en una manifestación contra el presidente de Cuba Gerardo Machado.

Deportado a España en 1933, al pasar por Nueva York se acogió a su origen puertorriqueño y logró quedarse allí. Regresó a Cuba tras la caída de Machado.

Como corresponsal de *The New Masse* de Nueva York, y de *El Machete*, órgano del Partido Comunista de México, fue a España en 1936 a defender la República.

Murió en combate en la Guerra civil española.

Álgebra y política[1]

Nueva York, 13, 6, 1936
Querido Raúl:

Ayer te mandé el mamotreto histórico. Hoy creo que esto va a resultar otro mamotreto pero algebraico. Verás. Especulando, especulando, ayer descubrí la íntima conexión del álgebra con la política. Porque si no hay duda que la política es problema, el álgebra es la ciencia encargada de resolver todos los problemas generales de la cantidad. De ahí me vino a la imaginación eso que considero íntima conexión entre ambas. No vayas a pensar que estoy loco o más bromista que otros días. Es un asunto serio. Revisando en mi imaginación todo el complicado panorama político cubano de hoy —que tanto varía de aquí a mañana— y en el cual hay tantas cosas por resolver y aun por plantear; y existe tal enorme confusión de factores y tanta posibilidad contradictoria de resultados, como una cosa natural me vino el recuerdo de cuando yo estudiaba álgebra en el Instituto de Santiago, donde el padre de Marcio[2] me puso El Cometa, porque de tarde en tarde aparecía en la clase, resolvía brillantemente algunas ecuaciones o factores, y desaparecía sin dejar otro rastro que el de la absoluta seguridad de encontrarme jugando a la pelota en el Malecón. Hoy, estoy ab-

1 Ensayo epistolar, fue enviado por Pablo de la Torriente Brau a Raúl Roa desde Nueva York el 13 de junio de 1936.
Fue publicado en 1968 en *Aventuras del Soldado desconocido cubano y otras páginas*, La Habana, Instituto del Libro, 1968, págs. 291-364. Ediciones Huracán. (N. del E.)

2 Marcio Manduley, miembro de la dirección del Ala Izquierda Estudiantil, asesinado al final del machadato en una manifestación.

solutamente seguro de que mi camino verdadero, a pesar de mis suspensos y mis aprobados miserables, estaba por ahí, por el álgebra, la geometría, toda esa ciencia matemática, llena de especulación, descubrimiento, imaginación y grandeza. El día menos pensado me pongo a estudiar todo eso y aunque sea a los ochenta años oirás hablar de tremendos descubrimientos.

Pero bien, creo que te iba a hablar de política, de política cubana. Fíjate qué panorama: por un lado las contradicciones del imperialismo yanqui, que en el caso de Cuba quisiera esclavitud sin más, pero que tiene pendientes sus elecciones reeleccionales y una serie de medidas de altísima y habilidosísima demagogia con respecto a toda la América Latina; de otro lado, las contradicciones internas de la propia política local de Cuba, con Miguel Mariano[3] y su cohorte y Batista y su ganga, cada uno por sí comido de recelos hacia su propio aparato, y que pretenden desplazarse mutuamente, poniendo en juego los más desaforados recursos y las maniobras más sutiles; y, aún por otro lado, las contradicciones del campo revolucionario, claramente dividido, no ya solo en su ideología profunda, sino en sus tácticas, en la secreta ambición de diferentes procedimientos; consciente por un lado e inconsciente por otro de su impotencia para acciones inmediatas. Todas estas fuerzas zigzagueantes en dirección y de potencia variable a cada momento, inciden o tratan de incidir sobre un solo plano, sobre una misma cantidad, el pueblo de Cuba, unidad permanente, única unidad permanente de todo el grupo, la que, sin embargo, será cantidad negativa o positiva, y en diverso grado, según sea el resultado de ese nuevo lugar común, tan en boga ahora y tan matemático: según sea

3 Miguel Mariano Gómez, ex alcalde de La Habana; y líder de la oposición al gobierno militar de Batista.

el resultado de «la correlación de las fuerzas». Creo que te voy aclarando ya —y no con tanta dificultad como creía— mi símil algebraico. Porque no hay duda de que todas esas fuerzas son ciertas y no hay duda de que todas convergen a la solución. El que solo vea una no podrá ver el final. Ni tampoco quien vea dos, o aun las tres, y no obtenga la mejor información cabal sobre sus posibilidades o fuerzas en cada momento. Por todo ello, es que el problema de Cuba es tan difícil, tan complicado, de resultados tan difusamente vaticinables. Y ¿cómo tratar de ver todo esto de golpe? Te aseguro que no hay más camino que el del álgebra. Probablemente tú debes haber sido un pésimo alumno de esta ciencia, la más poética de todas. Yo hace tiempo que soy incapaz de resolver una miserable ecuación de segundo grado. Pero para siempre se me quedó impresa aquella formidable maravilla, mucho más grandiosa y perdurable, que toda esta complicada armazón de cables y vigas de acero de los puentes y rascacielos de Nueva York, que se llaman los sistemas de ecuaciones. Te aseguro que solo por un planteamiento justo, correcto y dinámico, a través de un sistema de ecuaciones (ecuaciones políticas) podría llegarse a descubrir, con mayor o menor exactitud, la resultante final, la última incógnita del problema cubano. Yo recuerdo que en álgebra, los sistemas de ecuaciones se resolvían atendiendo a distintos métodos, tales como los de sustitución, eliminación, Kramer, Besú (ya ni sé si así se escribía) y alguno otro que he olvidado. En política, en el caso de Cuba, no hay más que dos métodos en realidad, aunque tengan muchas variantes: el de la reacción y el de la revolución. Y las variantes ocurren precisamente, porque, como en los sistemas complicados de ecuaciones, en los cuales ocurre que cada ecuación tiene varias incógnitas, y aunque estas son de primer, de segundo, tercer, etc., grados, así también en el campo político, los dos métodos de soluciones del sistema, se tropiezan a cada rato —y de fijo en Cuba y mucho más ahora— con sistemas complicadísimos, en los cuales cada ecuación llega a tener tantas incógnitas y de tan diverso grado, que estas suelen recorrer la escala que va desde un problema profundo y formal de ideología al capricho personal de determinado cabrón o no de famoso imbécil. Dime tú ahora si mi símil algebraico no es perfecto. Porque, inclusive, para añadir más datos, existen también en esto de los sistemas de ecuaciones políticas, las posibilidades de resultados positivos o negativos; las ecuaciones indiferentes: las cantidades imaginarias y hasta los resultados en función de cero y de infinito. Todo existe aquí. Pura álgebra es toda nuestra política. Este símil es muy superior al ya desgastado —inclusive por mí— del ajedrez. El ajedrez es una cosa sencillísima al lado del álgebra, y por tanto, al lado de nuestras ecuaciones políticas. Bien, espero que te habré convencido de la evidente bondad de mi especulación matemática. Pero no hay ni álgebra ni política sin resultados, cualesquiera que estos sean. Por eso procede que plantee ahora, con vista a mi sistema de ecuaciones políticas, el panorama de Cuba.

Yo veo todo lo siguiente: los tres sistemas de ecuaciones de que ya te hablé: el del imperialismo yanqui, el de la política criolla y el de la revolución. Sin duda que podría involucrarse aquí, y relacionarse con los otros tres, un sistema más: el de la política internacional. Acaso alguno otro. Pero yo no pretendo realmente, en una carta, llegar a reales soluciones, sino más bien, dar crédito a mi hallazgo algebraico; hacer el elogio de él y levantar entusiasmos por sus posibilidades, sobre todo para los especuladores de mayor conocimiento de cada uno de los factores en «correlación».

Usando, más o menos, el sistema de eliminación, procede el que vayamos despejando cada uno de los sistemas, sin olvidar, desde luego, cuando al caso venga, su función con respecto a uno de los otros.

Primer sistema: Imperialismo yanqui: Ecuaciones planteadas: por lo pronto, dos evidentes, cada una con sus respectivas incógnitas: 1.ª política general de América Latina y política especial con Cuba. En realidad, como tal vez los otros, este sistema, es un sistema de sistemas. Si no, aquí están todas estas otras ecuaciones, correspondientes a otro grupo: 1.ª Lucha del imperialismo yanqui contra sus actuales representantes. 2.ª Política general de Roosevelt. 3.ª Política de Roosevelt ante la campaña electoral. Y en otro sistema: 1.ª Política de la Secretaría de Estado americana (Welles) y 2.ª Política de la Embajada yanqui en Cuba (Caffery). Y aun otro sistema, aunque a tratar sin excesivo énfasis, con vistas a sus posibilidades inmediatas, que en cuanto a las futuras este sistema sin duda será poderoso, complicado y difícil: luchas contra el imperialismo en la América Latina, con su serie ya numerosa de ecuaciones. Confiéseme ahora, que solo una ciencia como el álgebra es capaz de poner en orden, camino a la solución, con serena frialdad, todo este vértigo de incógnitas. (Y, entre paréntesis, mientras te escribo todo esto, tenemos pendiente la solución de otra incógnita más fácil, consistente en darle una entrada de patadas a Maximiliano Smith.[4] Pedrito[5] está a la busca de los distintos «datos». [Lugar, hora, aspecto físico —porque hasta esto lo ignoramos—] para plantear la ecuación. Tropezamos con el inconveniente del tiempo, mas mañana es domingo y aunque tenemos *party*, procuramos

4 Secretario de Gobernación del gobierno militar de Batista.

5 Pedro Jiménez, miembro de la Organización Revolucionaria Cubana Antimperialista (ORCA), fundada en Nueva York por Pablo de la Torriente Brau, Raúl Roa, Gustavo Aldereguía y otros exiliados.

hacer el mejor esfuerzo.) Yo te aseguro, después de haber descubierto mi planteamiento algebraico de los problemas políticos, que no creo, como decíamos antes, que los viejos Marx y Lenin sufrieran muchas contrariedades al estudiar nuestros asuntos políticos. Sin duda, ellos eran estupendos matemáticos. Bien, pues vamos al planteamiento y solución de cada una de todas esas incógnitas.

Como que no se trata de un ensayo, sino de una carta, aunque parece que va a resultar extensa de más, podemos admitir, sin discusión general, algo así como postulados básicos para apoyar en ellos las soluciones de las dos primeras ecuaciones primeras, a saber: la política del imperialismo en la América Latina y en Cuba. Estos postulados pueden ser: 1.ª El imperialismo yanqui tiene hoy una línea de amplia demagogia oportunista en la América Latina y procura afianzarse más por medios comerciales, podemos llamarles, y diplomáticos, que por medios de fuerza directa, sacando en toda ocasión buen provecho y propaganda de sus abstenciones militares. 2.ª En el caso de Cuba, sigue similares líneas directrices, pero temeroso y escarmentado después del 4 de septiembre, procede con lentitud y cautela; resiste sin reaccionar los ataques que se le hacen a su sistema. En cierto sentido, parece como que marcha, no delante de los acontecimientos, sino detrás o al lado, atento a los cambios para cambiar, receloso de un paso en falso o de una «traición». Y ahora viene el estudio esquemático de todas las otras ecuaciones planteadas.

En la lucha del imperialismo yanqui contra sus actuales representantes (Política de Roosevelt: New Deal) sucede esto:

Roosevelt no ha dejado en ningún momento, de ser un intérprete fiel del imperialismo. Pero ha sido un intérprete inteligente. Ha tenido sentido dialéctico y ha pretendido, en cierto modo, modificar los métodos matrices y consagrados. Esto ha puesto en alarma a toda la vieja y feroz maquinaria. Hoy chirría por cambiarlo. Y Roosevelt lucha por sostenerse, precisamente porque es un imperialista; su lucha confunde como podría confundir un hermano que golpeara a otro hasta desvanecerlo... pero para salvarlo de la muerte, Roosevelt trata de resolver el problema de la crisis económica de su país, es decir, todos los problemas. Para ello, ha realizado una serie de intentos encuadrados, más o menos, dentro del New Deal. Dentro de los Estados Unidos cierta demagogia popular, reales intentos por disminuir el desempleo y una suerte de prácticas y procedimientos, con vistas a mejorar la situación total. Para ello, precisamente para que los manufactureros, los trusts, las grandes empresas alcanzaran de nuevo sus grandes dividendos de antes, les pidió un poco de sacrificio provisional. Estas, como el avaricioso que por no desprenderse de una moneda no corre el riesgo de ganar cien, le han enseñado los dientes.

Ante esta actitud él, su política, porque sin duda representa un nuevo modo de ver las soluciones del imperialismo, se ha convencido de que tiene que tundir a su «hermano» para salvarle la vida, y, seguro de su método, cada vez más liberal, más honesto, más popular, más «revolucionario». «Su hermano» cada día se le vuelve más enemigo.

Desde luego, «su hermano» es un perfecto estúpido, un borracho imbecilizado por las orgías del antiguo esplendor. «Su hermano», puede llamarse Hearst. En cuanto al exterior, particularmente con respecto a la América Latina, Roosevelt ha seguido el camino del mismo pensamiento fundamental: la mejoría económica. Si disminuyendo el desempleo en los Estados Unidos habrían de aumentar el movimiento comercial e industrial, mejorando la condición de los países de la

América Latina, estos serían mejores compradores y productores para la América yanqui. En consecuencia, mayor bienestar para esta. En este sentido, tranquilidad política es una meta. Mas tranquilidad política significa en la América Latina el forzar el desarrollo histórico, precipitarlo.

Ello quiere decir artificio. Y el artífice por excelencia es el diplomático. Es el animal conocido que más se parece al castor y al topo: bajo tierra hace túneles, fabrica barreras, rebalsa corrientes, desvía torrentes. Es sin duda, un animal peligroso. Roosevelt lo ha utilizado con maestría. Su política con la América Latina ha sido un trabajo intenso de diplomacia elegante. Ha rehuido la fuerza directa. Esto, como un principio. Este hecho, esta posición, le ha conquistado el odio a muerte de «su hermano», porque este, como el hombre cobarde que remata al vencido, por miedo a una reacción posterior, tiembla ante el peligro de tales métodos de mejorar la condición humana de «pueblos inferiores». Ellos quieren clavar la historia y Roosevelt piensa que hay que correr con ella; si acaso ponérsele delante y sacarla de la pista, atrayéndola a otros rumbos, o metiéndola en un soportable círculo sin salida. Roosevelt quiere seguir explotando a la América Latina todo cuanto sea posible. En esto están de acuerdo. Mas ellos, «sus hermanos», prefieren no dar tregua. Si fuera posible, volverían a la «trata de indios». Por eso luchan por quitarlo, porque no es el amo que harta, hasta matarlo si es preciso, al perro hambriento; que lo pone, cuando menos, cebado, estúpido, inútil, de tanta grasa «próspera», sino el amo astuto que alimenta científicamente a su perro, porque ya está un poco viejo y no le conviene digestiones pesadas y peligrosas; él es el amo que le prolonga, con ayuda de la ciencia, la vida a la vieja bestia feroz. Pero en esta la voracidad se hizo instinto con la frecuencia y hoy odia al amo que le raciona las víctimas. Y, por eso lucha por arrojarlo, por cambiarlo. Y, si logra ponerse otro amo, aunque estalle, volverá a ser voraz y terrible. Acaso llegue, como esos tipos de viejos crueles que hay en la historia, a exacerbar sus antiguos vicios, y en su agonía sea más feroz que nunca.

Bien, sin darme cuenta —matemático sin entrenamiento ya—, he mezclado dos ecuaciones y he hecho el análisis de la política de Roosevelt y el de las luchas del imperialismo contra él, su más inteligente representativo. En el fondo, así es como hay que ir resolviendo estos sistemas de ecuaciones, siempre uno en función del otro, si no no hay solución. Y ahora estudiaré otra ecuación importantísima para nosotros de este sistema: la política de Roosevelt durante el período electoral presente. Ya hay hechos claros para una especulación sólida. Este año la campaña electoral va a ser ruda, hasta asquerosa, podemos decir. El discurso de Hoover en la Convención de Cleveland fue calificado, por la naturaleza de sus ataques a Roosevelt y al New Deal, de «un golpe bajo», y un «*Dirty speach*», por el *New York Post.* Quiere decir que no habrá escrúpulos. Los republicanos se han hecho de una poderosa maquinaria de propaganda centralizada en Hearst, gran controlador de periódicos, revistas, estaciones de radio y empresas de cine; además, una sólida estructura económica respaldada por millonarios, banqueros, industriales, explotadores de altura en general. Y sin escrúpulos y con dinero se puede hacer mucho. No hay que hacerse ilusiones: la batalla va a ser violenta y difícil. Si triunfan los republicanos, Batista, si quiere puede proclamarse emperador. O Papa. O rey de reyes. Hasta León de Judea, o sea de Cubanacán. Este es un lado de la ecuación. El otro es Roosevelt frente a esa banda. Por lo pronto, ya Roosevelt está recorriendo los estados y presentándose ante grandes auditorios. Sus recursos, frente al enemigo, son también potentes y convincentes. En el orden personal, orador transparente y persuasivo; simpatía humana evidente, hoja política honesta; historial de cuatro años de esfuerzos por mejorar la situación; lucha contra el desempleo; *relief*; pago a los bonistas, etc.; sin dejar de contar los ataques de Hoover de quien pudiera decirse parodiando a no sé quién, que pudiera llamársele «el bien odiado». En el orden público estratégico general, pues lo apoya el tener el poder, la maquinaria gubernamental; una también poderosa fuerza de propaganda democrática; y los ataques de Hearst; y el recuerdo de que los bancos no quebraron como bajo Hoover; y su política de alejamiento de los problemas europeos y asiáticos, captación un poco forzada del sentimiento antiguerrero de este pueblo. En fin, no está desarmado. Y, hoy por hoy, todavía conserva el ejército de la popularidad. Con estas armas va a trabajar; a pelear. Durante todo este período, el más intenso, acaso decisivo del período de Miguel Mariano —es lógico pensar que su política con respecto a Cuba, será más cauta aún que hasta ahora, pues los enemigos están alertas al más mínimo desliz—. Y el desliz de Cuba puede ser en extremo visible y peligroso. Hasta sus propios órganos han atacado ya la situación de Cuba y la política seguida con ella. En consecuencia, la demagogia roosveltiana debe perfumarse más aún (no debe olvidarse que Roosevelt quiere decir campo de rosas, en holandés... sufre con mis conocimientos lingüísticos) y que tratará, como uno de esos hábiles transformistas, de enseñar al público la mano limpia, aunque detrás, maravillosamente engarzada, conserve la baraja del truco. Y no hay que hacerse ilusiones, porque la baraja no la soltará de ninguna manera. Estará aunque no se vea. Es un caso de «no estoy, luego existo». Mas con todo, siempre la mucha habilidad disimula la fuerza. Tendrá que ser menos fuerte. Sus métodos tendrán que ser menos fuertes. Si le fuera posible, en nuestro caso concreto, él quitaría a Batista, inclusive lo castigaría. Y, en todo su alcance, Miguel Mariano tendría su apoyo para robustecer su posición en Cuba: un glorioso retorno a la constitucionalidad y la civilidad; una deuda más con la «generosa nación de Washington»... Mas si esto no es posible —y esto lo resolverá de acuerdo con las otras ecuaciones— tratará de evitar todo brote revolucionario; tratará de que haya equilibrio de impotencias y mantendrá a Miguel Mariano frente a Batista en tanto que un movimiento popular no se haga en extremo peligroso, en cuyo caso intentará soldarlos, aunque sea a la manera como tiran de un arado con bueyes que no hacen buena yunta, pero que con todo tiran. (Además, estas yuntas, bajo el aguijón tiran bien de todos modos.) En fin, hará maravillas por ganar tiempo. Su problema es el del jugador que está convencido de que no podrá ganar brillantemente una partida y todos sus esfuerzos se concentran en obtener unas «tablas» laboriosas. Para Roosevelt, durante este período, unas «tablas», en Cuba equivalen a una victoria. Ya después de electo, las manos le quedarán más libres y podrá hacer sus juegos «sucios», como cuando el ilusionista trabaja ante un público que no ha pagado y que no exigirá demasiado. Sin embargo, en líneas generales, puede asegurarse que siempre será un ilusionista del nuevo imperialismo yanqui, porque es el resultado de nuevos problemas y nuevas necesidades que necesitan nuevas soluciones, nuevos rumbos. Es decir, los mismos, sembrando árboles nuevos en el camino y cambiando el paisaje un poco a lo Carlos Miguel de Céspedes.[6] Con todo, en este juego de ecuaciones, aunque las

6 Secretario de Obras Públicas durante el gobierno de Gerardo Machado.

cantidades que entran en esta tienen condiciones de elasticidad notables podemos considerar el despeje de su incógnita como más bien favorable a nosotros, dentro de ambiciones limitadas, aun dentro de este período electoral de Roosevelt.

El segundo sistema ecuacional de este grupo, comprende las dos ecuaciones de la política de la Cancillería (Welles) y de la Embajada (Caffery). Vamos a analizarlas con estricta serenidad. La primera, desde luego, ha quedado más o menos analizada al hacer el examen de la política de Roosevelt. Sin embargo, hay que insistir sobre este hecho. Los «hermanos» de Roosevelt, que hoy batallan por cambiarlo, en último caso se pondrían de acuerdo con él en los asuntos exteriores. Su irreconciliabilidad donde es infranqueable es en los propios Estados Unidos. En lo exterior, el imperialismo yanqui, aunque de vez en cuando con sus arrebatos histéricos violentos (México, Nicaragua, Cuba, Haití, Santo Domingo, etc.) siempre ha usado más o menos careta y su penetración comercial básica no es nueva, ni tampoco su diplomacia. La diferencia está hoy en que antes atacaba y hoy se defiende. Ayer engañaba para meter el puñal, hoy para dejarlo dentro o, cuando más, para retirarlo sin que se sienta. Y si hoy tiene que ser más hábil, acaso no sea tanto porque sea más débil, sino porque la víctima es más fuerte, y es en este sentido que resulta más débil, y, por lo tanto, más hábil; sus pasos tienen que ser más silenciosos porque la víctima no está dormida y ya «todo el vecindario» sabe que anda un ladrón por las casas. Antes había quien atribuía los robos a los «espíritus». Y hasta quien le echaba las culpas a la propia familia, truco que ya hoy no vale, pues se ha desacreditado totalmente aquel sistema de cataplasmas pregonado como fundamental, de la «virtud doméstica», «la abulia nativa», «la tara racial» y toda esa serie de pendejadas, tenidas como causario inatacable, como artículos de fe. Mas con todo esto, con el hecho cierto de que republicanos y demócratas, por igual, han alardeado mucho sobre «libertad» en América Latina, y han esgrimido las «deudas de gratitud» con la poca elegancia con que un individuo podría pregonar todo lo que le ha arrebatado a otro, aprovechando su miseria ocasional; con toda la habilidad y astucia diplomática desarrollada por igual en América Latina; por republicanos y demócratas, hay un hecho cierto a considerar: el partido republicano de hoy, en los Estados Unidos, con toda su pregonada americanidad, que se manifiesta en todo lo exterior por un deseo furioso, agresivo, insultante casi de estúpido chauvinismo, de xenofobia desesperada, de alardes grotescos y ridículos de aislamiento internacional, en el fondo —y sus mismas manifestaciones lo denuncian— trata de incorporarse, con mucha más intención que el demócrata, a la corriente política universal. El partido republicano americano está asimilando procedimientos «europeos» bien conocidos; se está orientando —y es cosa ya vieja— hacia el fascismo. Lucha con dos inconvenientes: el relativo bienestar económico y la no muy profunda nacionalidad de esta nación, hecha a remiendos, equilibrada sobre el canto de un dólar. Mas es cierto, sin dudas, que el partido de Jefferson —hoy Jefferson defendería a Caffery de Cuba— se inclina a dar la batalla en otra forma que como la plantea Roosevelt, cuya política a pesar de la firmeza de su carácter e ideas, tiene esa aparente indecisión del hombre que se decide a ir río abajo, siguiendo el curso natural, sin arriesgarse a «cortar por el monte», por temor a perderse en la gran selva llena de sorpresas y peligros. El partido republicano, desde el poder, pondría inmediato freno a las concesiones rooselveltianas, y en el caso de Cuba, su problema exterior más agudo, utilizaría por igual la mano militar de Batista —o cualquier otro de turno entonces— con lo cual siempre sería «problema de allá ellos», y el dogal económico de las tarifas proteccionistas. Pero en el caso actual, siguiendo la línea general de la política de Roosevelt durante el período electoral, su cancillería extremaría su atención a nuestro problema. Aquí entra enseguida en consideración uno de esos factores, de esas «incógnitas» individuales de la ecuación: Sumner Welles. Sumner Welles es el gran fracasado de la estrategia diplomática norteamericana en Cuba. Su carrera política, en una «gráfica», mostraría aquí una caída casi vertical. No ha levantado su crédito desde entonces. A pesar de estar en la Secretaría. Su vencedor fue el sargento Batista (claro que este no fue su verdadero vencedor). En maniobras y manejos y hasta en alardes, y aun hasta en elegancia, lo ha derrotado un miserable sargento taquígrafo, con un poco de susto y de audacia. No hay duda de que en el orden personal Welles propiciaría una caída de Batista. Y nosotros sabemos que ha oído con complacencia la proposición. Mas con todo, es diplomático y está empeñado en levantar su reputación. Él no puede jugar a una cuestión personal un problema de categoría. Y menos en estos momentos. Si las circunstancias lo exigen, apoyará a su enemigo, porque en ese caso su enemigo es su defensa. Aun, si las circunstancias no son claramente favorables, seguirá apoyando a su enemigo. Mas, si hay coyunturas, las aprovechará, como quien va a un desquite secretamente deseado, y sobre todo, porque el triunfo sería magnífico para la política que representa. En efecto, de acuerdo con otra incógnita despejada, resulta cierto y claro que al imperialismo le convendría el desplazamiento de Batista siempre que fuese sustituible por individuo sujeto a «control remoto» y con determinadas garantías de estabilidad y poder. Grau San Martín debe ser un sueño dorado de

Welles, si lo pudiese convencer sobre cierto número de «detalles». Aun Miguel Mariano no es mal candidato si lo hace triunfar sobre Batista con alguna resonancia; si la caída del enemigo tiene algún estruendo. En fin, como hombre de la línea de Roosevelt, sigue la corriente del río; no le gusta la boga a remonta, «ni el cortar por el monte»; busca los remansos y va siempre alerta explorando; en el caso de Cuba, debe tener un complejo que pudiera llamarse el «complejo de alarma»; es como un boxeador que ha sido derrotado por un adversario inferior por medio de un «*lucky punch*», un golpe de suerte, y en la pelea de revancha, prefiere que esta sea larga, y aun ganar por puntos, a exponerse a un nuevo *nocaut*. Su incógnita, al despejarla dentro de la ecuación, puede considerarse también de signo positivo, para lo inmediato, que es lo único que interesa por ahora. En cuanto a la otra ecuación del sistema, la de la política de la Embajada en Cuba (Caffery) su solución no debe ser difícil para nosotros, a menos que seamos ciegos o totalmente brutos. Caffery (y la Embajada es el Embajador, a menos que lo cambien) es como uno de esos perros de presa, criados para que no dañen, pero que no pueden dejar de mostrar sus instintos. Una de las formas de su mariconería se trasluce en su gusto por la sangre. Si hay ancestro, este, por maricón y por sanguinario, viene de Nerón mismo. Si la política de Roosevelt decide tomar otro camino en Cuba, cambiará a Caffery. Mientras Caffery esté en Cuba, puede considerarse que la Cancillería yanqui sigue en observación, sin decidir nada. Es un buen síntoma que se hable ya de su traslado. Caffery ha venido ya aquí y se ha instruido. En estos días puede aclararse su incógnita personal dentro de la ecuación. Mas, desde luego, un cambio de Caffery puede ser también solo un «*fake*», un engaño, una prueba, todo dentro del plan de observación de la corriente, de la Cancillería. No debe decir demasiado para nosotros el cambio de Embajador, salvo que las circunstancias sean muy claras. Todo esto, desde luego, en una visión general de la ecuación, que con respecto a lo inmediato, no se puede olvidar —función de otro sistema ecuacional— el efecto psicológico que produciría en Cuba, la retirada de Caffery, considerado nacionalmente como soporte de Batista y el alentador de Pedraza.[7] Y, aunque sea de otro sistema, en función de este cabe decir aquí, que, sin duda, Miguel Mariano aprovecharía la coyuntura para ganar apoyo popular y tal vez hasta para tener sus pequeños gestos de audacia, como de prueba. A este cambio —también en función de otro sistema ecuacional distinto— debe inmediatamente responderse con una profunda e intensa campaña de movilización popular, aunque de objetivos inmediatos y posibles, y, aún, que estén dentro de los planes demagógicos de los otros dos sistemas.

Con respecto al tercer sistema de ecuaciones, de este primer grupo correspondiente a las que nos plantea el imperialismo yanqui, esto es, el grupo, el sistema de ecuaciones ofrecido por las luchas contra el imperialismo en la América Latina, podemos desarrollar más o menos, la incógnita de sus fuerzas así: de un lado, el empuje natural, real, cierto, positivo, podemos llamarle, resultante de los esfuerzos de cada país por su liberación, con su obligada, aunque aún frágil concatenación interamericana, y, de otro lado, las maniobras del imperialismo por encubrir sus intenciones y sus esfuerzos, lo que también viene a ser, en cierto sentido, cantidad positiva. El imperialismo yanqui, como resultado de la política roosveltiana, ha acrecentado su material de «escena». A las Conferencias Panamericanas (y no debemos olvidar que

7 José Eleuterio Pedraza, jefe de la policía de La Habana durante el gobierno de Batista.

la proximidad de ellas en Montevideo fue buena parte a impedir el desembarco en Cuba en el 1933) ha agregado, «la política del buen vecino», la «no intervención», los «tratados de reciprocidad comercial», la «carretera panamericana», las «conferencias de Buenos Aires» y, por último, cierta campaña clara por eso que llaman la «Liga de las Naciones Americanas», intento más de desplazamiento inglés de la América Latina. Todo esto, que sin duda les representa mucho y a nosotros nos cuesta más, por contradicciones evidentes, en momentos como los que pueden presentarse en Cuba, aparecen como más bien favorables. Por otra parte, enlazada su actuación en Cuba, fatalmente, a su política general en Hispanoamérica, la repercusión de su actitud en Cuba sería vasta y peligrosa. Porque ya en toda América Latina hay movimientos, más o menos poderosos contra el yanqui, que van desde el enfoque social hasta el nacionalista, movimientos que se robustecerían de manera poderosa en la defensa de las luchas de Cuba y en el desenmascaramiento de los manejos del imperialismo, y los cuales tendrían importancia mayor o menor, en proporción directa de los intereses yanquis en cada país respectivo, y del empuje revolucionario nacional donde se produjeran. Aún debe añadirse al respecto algo, y es el creciente conocimiento de los problemas de la América Latina en los propios Estados Unidos, la movilización ascendente de los partidos revolucionarios, aunque esta sea lenta, y el mayor interés de las colonias de emigrados por los problemas de sus respectivos países. Todo este último aspecto es el más débil, pero con todo, cierto y creciente. Por todo ello, este sistema de ecuaciones, a pesar de que no hay duda de que el movimiento de opresión es rudo y de cierta consistencia en varios países de la América Latina (Cuba, Brasil, Paraguay, Nicaragua, Santo Domingo, etc.), la realidad es que la incógnita que pueda ofrecer este sistema, en general, debe considerarse como positiva en la resolución final. En resumen, la solución de este sistema del imperialismo yanqui, en relación a nosotros puede considerarse así, con vistas a que favorezca un mejoramiento relativo y ocasional en Cuba, y un desplazamiento, también relativo y tal vez también ocasional, de la dictadura militar de Batista, etc. Tres partes: 1.ª Como bastante favorable dentro del período electoral norteamericano; 2.ª Como no tan favorable una vez electo Roosevelt; 3.ª Como posiblemente funesto si triunfan los republicanos. Las conclusiones parecen demasiado naturales y claras. Pero es porque he llegado a ellas, no por imaginación, ni intución, ni ningún otro «milagro», sino sencillamente, «matemática y patéticamente», como diría Carlos Aponte,[8] por la bondad de mi método algebraico. Que es lo que me propongo demostrarte con todo este mamotreto interminable. Pero has estado fatal, porque hoy es sábado, llueve, y tengo ganas de escribir. Por eso te esperan aún más extensos análisis de ecuaciones políticas.

Segundo sistema: El segundo sistema de ecuaciones que aparece en todo el complejo pizarrón político de Cuba es el que se refiere a las contradicciones del mundo politiquero criollo. La incógnita individual tiene aquí mayor importancia que en el primero. En este sistema hay tres ecuaciones fundamentales, las que podemos denominar: 1.ª Miguel Mariano Gómez; 2.ª Batista y 3.ª Movimiento popular.

Miguel Mariano Gómez merece la pena, sobre todo hoy, de un análisis menos violento que el que le hice a través de aquel «El muñeco de turno». Vamos a reconocer realidades y ambiciones. Por lo pronto, es un político de carrera. Desde

8 Venezolano ayudante de Sandino, fue ejecutado junto a Antonio Guiteras en El Morrillo.

los veinticinco años está en la política. Debemos reconocerle experiencia. Por otro lado, ha sido revolucionario. Digo, eso que suele llamarse en Cuba «revolucionario», y que es algo impreciso y en evolución, inesperada por sorprendente como un renacuajo. Bien, mas con todo, conocimiento del campo revolucionario, de los hombres revolucionarios. Además, hombre con un historial gobernante, con algunos signos positivos, que se hacen más y mayores por el contraste de tanto signo negativo. Es como las palmas, que lucen más altas en los cañaverales que en una arboleda de mangos coposos. (Y, nada, me acordé de Punta Brava.) Aunque parezca que no tiene importancia ya, todavía es hijo de José Miguel Gómez y de América Arias; por tanto, herencia de aliento, de hálito popular. Además, joven, rico, con posibilidades de ser presidente otra vez. En la revolución no hizo nada y hasta se le acusa con derecho de haber sido pendejo e incapaz. Aquí hay que hacer enseguida una distinción: en la revolución, con cojones, no hubo más que los que se los ganaron en ella y los que en ella los perdieron gloriosamente: los obreros, los estudiantes y el viejo Peraza[9] y algunos hombres de Gibara y algunos alzados de valor; es decir, repito, los que los ganaron y perdieron en ella. Todos los que tenían «cojones» antes de la revolución, casi sin excepción, los dejaron en casa al irse a ella, según parece. Y ni Mendieta,[10] gran paladín de la fuga de Caicaje, ni Menocal,[11] el come cañones de Victoria de las Tunas, se desprestigiaron más de la cuenta con aquella rendición de Río Verde, que debe haber matado de risa a Bayardo y a García de Paredes, allá en su tranquilo retiro de ultratumba. Miguel Mariano, en todo caso, no se rindió más que

9 Antonio Peraza, general veterano del Ejército Mambí.
10 Carlos Mendieta, presidente de la República.
11 Mario García Menocal, dos veces presidente de la República.

a Carlos Miguel. Y si Pino[12] murió por su culpa, por sus *bluffs*, centenares murieron por culpa de los otros. Parece, pues, que la derrota nunca es muy definitiva, si, además, no la acompaña la muerte. Porque no hay duda que tanto Menocal como Mendieta, resucitaron y hasta «valerosamente» después de Río Verde. Todo esto, y desde luego algo más también, como factor personal. Que en el orden político, hay consideraciones importantes. Por lo pronto, en primer lugar, Miguel Mariano es presidente constitucional como producto de una laboriosa y pujada maniobra del imperialismo que tardó casi tres años en conseguir tal resultado. No procede hacer mucho énfasis en todo lo que esto costó, porque el imperialismo es como esos jóvenes imbéciles, ricos por herencia, que cuando hay que malgastar, malgastan lo de otro: la sangre regada fue cubana: la riqueza perdida, cubana. Todo lo que se derrochó en esos tres años fue cubano. Lo único americano, posiblemente, fueron los dos o tres frascos de aspirinas que tuvo que consumir Sumner Welles para hacer el desalojo de sus dolores de cabeza ante dos o tres reveses inesperados. Pero sí hay que considerar, a través de todo esto, que el imperialismo obra de acuerdo con un plan y que Miguel Mariano es el resultado de ese plan. Ahora bien, dentro de ciertos límites, dentro de ese plan, sobra Batista. Desde luego, sobra, de ser posible la realización del plan. Aquí vemos ya, algebraicamente, cómo este sistema está íntimamente en función del anterior. La habilidad de la incógnita personal que es Miguel Mariano, puede adelantar o retrasar el proceso de todo ese andamiaje. Enseguida, por supuesto, hay que pasar a analizar este punto de la incógnita: ¿Cuál puede ser la posición de Miguel Mariano ante ese plan? Vamos, provisionalmente, por la vía de la exploración, a no conce-

12 Arturo del Pino, capitán veterano del Ejército Mambí.

derle demasiada inteligencia a Miguel Mariano, ni mucha astucia, ni mucha ambición. Esto, a pesar del hecho de que ha sabido ir esquivando situaciones difíciles, primero, bajo la sombra del padre y, después, por propia cuenta, hasta llegar a ser un hombre nacional. Desde luego, ha tenido oportunidades y buenos maestros. Y no ha tenido mucho apuro, aunque se adivina que hace tiempo tiene fijada su meta en la Presidencia de la República. Admitido lo anterior sobre sus capacidades, hay lo siguiente: Miguel Mariano llega a la presidencia de la República, en las peores condiciones políticas, económicas y revolucionarias de toda su historia. Si se le reconoce cierta prudencia que ha tenido, y no mucha audacia, que le ha faltado, y no grandes apuros por llegar, y ha aceptado ahora, es porque vio posibilidades en ello. Y como hemos admitido que no tiene gran inteligencia, estas posibilidades las vio a través de promesas reales y de categoría. Esto es una confirmación del plan imperialista. Si, por el contrario, se le supone inteligencia y audacia, es que vio todo el problema y su gravedad, y se dispuso, a virtud de esas cualidades, a dar la batalla por sí mismo, en cuyo caso, se le tiene frente a Batista también. Y, por tanto, en ánimo de ponerse en contacto amigable con los enemigos de Batista, por aquello árabe de que «el enemigo de mi enemigo es mi amigo». El «enemigo» de Batista, naturalmente, es el pueblo de Cuba y su representación aquí, más o menos directa, dentro de este sistema, es la ecuación llamada «movimiento popular». Además, por este camino la incógnita Miguel Mariano Gómez entra en función, y con signo positivo, con el tercer sistema de ecuaciones que analizaré último, la revolución, de la misma manera que entra en función, también con signo positivo, aunque más variable, con el primer grupo, el del imperialismo yanqui. Aún queda, sin embargo, algo por analizar, plantear y resolver. Aunque en Cuba el presidente es algo así como bueyes de cabestro que por donde van va el ganado, aunque en él haya toros bravíos, la realidad es que la responsabilidad que como cabestro tiene sobre su ganado político, le obligará muchas veces a obedecer anhelos generales, a interpretarlos, aunque pasen como suyos. Porque la masa siempre es poderosa, aunque esta sea un ganado político o una piara hozante como esta de Miguel Mariano. Y el ganado de Miguel Mariano quiere pasto; su piara quiere ceba. ¡Y la única yerba la tiene toda, o casi toda, el establo de las mulas!... (Recuerda que, con álgebra y todo, uno de mis fuertes es la zoología...) Por lo tanto, hay que repartir un poco de esa abundancia, porque si no, fatalmente, en la primera estampida el ganado se desperdigará y la piara se volverá cimarrona, sin control, y además, agresiva. Naturalmente, las mulas defenderán a patadas —a coces, diría Jorge Mañach— su ración. Esta parte parece totalmente clara. Aun teniendo en cuenta las divisiones del Congreso y la fragmentación de ambiciones de los partidos. De esa yerba de Columbia todos estarán de acuerdo en comer, y por el camino que sea. Inclusive, desde luego, por el de la traición al cabestro, esto es, a Miguel Mariano. Por lo tanto, hay que admitir que el aparato civil tiene cierta unidad de criterio frente al militar. Por estas razones y por su interés en buscar apoyo popular y hasta cierto roce hipocritón con la revolución por aquello de que «nadie sabe el día de mañana...» todos están de acuerdo en rebajar el poder militar, dentro de un círculo razonable, es decir, no demasiado, pero sí lo suficiente como para que haya reparto. No hay que olvidar que esto del «reparto» tiene en Cuba la fuerza tradicional de la Nochebuena: es algo anhelado siempre y glorioso y ahora, después de tantos años, es como el ansia nerviosa de una novia que se puso vieja, histérica y puta y que brama ya porque le llegue la hora del desvirgamiento. Muchos de estos nuevos padres de la patria han temblado ante la idea de tener que morir honrados, por falta de oportunidad. Y hay que calcular lo que para toda esta gente significa comer ancho, robar, aunque sea planear los robos, y, de contra, la ñapa, «tumbar a Batista», lo que no pudo hacer la revolución, dirán muchos. Todo esto, pues, es positivo en función de Miguel Mariano y en función del movimiento popular y negativo en función de Batista. Este, desde luego, se defenderá, se defiende, y aun, astuto si no valiente, atacará, como siempre, utilizando a otro. Porque este hombre, de niño, sin duda que lo primero que aprendió fue la fábula del gato que le sacaba las castañas del fuego al mono. Hasta ahora él hace de mono y Pedraza de gato. Supongamos que Batista, utilizando ciertos elementos, de ese famoso golpe de que se habla y quite a Miguel Mariano. ¿Quitaría a todo el Congreso?

Peligroso asunto. Además de que, de acuerdo con el resultado de todas las ecuaciones del sistema del imperialismo yanqui, el momento no es bueno para él en todo eso. Si su golpe es solo contra Miguel Mariano y pone a la famosa «mula dócil», entonces, dentro del orden económico el aspecto apenas varía y a esta, como cabestro, el ganado se le iría de rochela en breve término; no habría ni la más mínima careta de cuanto planeó el imperialismo y, por tanto, el descrédito de toda la maniobra robustecería enormemente, de ser aprovechado, el campo de la revolución; y si ese golpe suprime aun el Congreso, daña los intereses de los dirigentes de todos los partidos y frustra las esperanzas de sus adláteres y «correligionarios», entonces, más aún, la revolución tendría una oportunidad formidable de ganar en profundidad y en fuerzas. No hay duda, la incógnita aquí se despeja con claridad. Tal golpe no será más que una cosa más o menos desesperada; en todo caso, un paso atrás en el curso de las maniobras del imperialismo, primer dirigente de todo el sistema general de ecuaciones que estoy discutiendo. Por tanto, el análisis de la incógnita Miguel Mariano Gómez, aun en el caso de un acuerdo con Batista, que no se haría sin concesiones —es decir, una coyuntura a ganar— y que de hacerse incondicional y descaradamente, representaría un caso más de fracaso de los planes imperialistas y de nutrición para las filas revolucionarias, se despeja como una cantidad positiva en lo inmediato, y ello debe traducirse en lucha por una amnistía amplia, ciertas libertades, autonomía universitaria, etc. En todo esto, como es natural, habrá triunfo para Miguel Mariano, es decir, nuevo y poderoso enemigo para la revolución. Mas la revolución habrá dado un paso adelante.

La segunda ecuación de este sistema es Batista. No hay que hacer mucho análisis personal de la «incógnita». Es una «incógnita» como la de Haile Selassie en Londres. Yo he hecho dos o tres artículos sobre él. De todo ello se le podía sacar un nombrete como este: «El Coronel tira la piedra y esconde la mano». No se conoce la historia heroica de ningún taquígrafo profesional. A lo mejor se podría escribir un ensayo sobre esto. Pero no debe olvidarse que la taquigrafía es una de las artes en que hace más falta una rápida y potente imaginación. Si le negamos eso que se llama el valor personal, no le podremos negar a Batista otras condiciones de líder: tiene imaginación de taquígrafo, es decir, descifra con rapidez un signo confuso, un párrafo sin sentido —valga una situación difícil; sabe apoyarse en reglas generales; tiene, por otro lado, condiciones de demagogo; es orador y proyectista; conoce el secreto de la sonrisa y del brazo en alto; construye, roba y se pule. Desde otro ángulo, sin duda es inteligente y astuto; probablemente, tiene complejo de superioridad con respecto a sus otros coroneles y con respecto a los revolucionarios que ha tratado. En caso de una revolución, si le dan tiempo, pertenece a los que tendrían preparado el avión para huir. Si él fuera el presidente, casi con seguridad que triunfaría sobre Miguel Mariano, de ser este el jefe del Ejército; por lo menos, con más facilidad, con menos esfuerzos de los que este desarrollará para desplazarlo a él. Mas la posición es a la inversa y dará que hacer, sin duda. Porque, además, se apoya en realidades, en hechos concretos. Sin duda que este taquígrafo sabe algo de álgebra. Él se apoya, principalmente, en las contradicciones del imperialismo. A su calor se ha hecho grande, y, en cierto sentido, lo explota, como puede explotar un hijo corrompido los vicios de un padre disoluto. El padre quisiera desheredar al hijo, desde luego, pero este le recuerda ciertos secretos de familia que conoce demasiado bien. Además, le informa que su nueva querida no es mejor que la otra; que su nuevo alcahuete puede comprometerlo más que él. Y él confía en que el viejo vacilará. De sus vacilaciones ha sacado siempre provecho Batista, tanto cuando se le puso enfrente como cuando entró a su servicio, al darse cuenta del peligro que corría de llegar a ser héroe nacional. Siempre Batista ha explotado al imperialismo. Es uno de los servidores que mejor tiene que pagar este en América. Por otro lado, Batista, quiera que no, se tiene que apoyar también en quien lo apoya a él: su aparato militar, ganga con derecho al crimen, aterradora y aterrada ella misma. Sin duda que no se le escapan sus propias contradicciones, forjadas al calor de todo este aparato que habrá servido para mantenerlo, pero también para alejarlo. Él, hoy por hoy, debe estar seguro de que lo único capaz de tumbarlo de su altura es su propio pedestal cuando este decida ponerse a la altura del pueblo. Y creo que tiene razón. Batista debe tener terror a su ejército. Por él dará la batalla, es decir [bien, ya es domingo y llueve como en Compostela —según Pérez Lugín—], obligado por lo que pudiéramos llamar la superestructura de su ejército; por todos aquellos que forman la «aristocracia» del establo. En este sentido, la actitud de Batista podría traducirse en una escena de Charles Chaplin. Por ejemplo: un hombre corre a toda velocidad delante de un grupo que inútilmente quiere alcanzarlo, gracias a los grandes esfuerzos que aquel hace. El público aplaude porque piensa que se trata de un vencedor, pero en realidad solo es un hombre que huye del grupo y, por eso, lo encabeza en la pista. Dentro del tubo de Newton, en el vacío perfecto, él caería al mismo tiempo que todos (caso de una etapa poderosa de la revolución); mas, en la actualidad él cae primero, de acuerdo con la ley de gravedad política; parece que viene delante, pero en realidad es el primero que se precipita. Esto lo sabe y, al defenderse, tratará de echar peso sobre otro para que sea este quien se precipite antes, por lo menos en lo que encuentra un gancho o un paracaídas que le permita demorar su aterrizaje forzoso. Más que contra el pueblo de Cuba, hoy desarmado y desorganizado, y, además, con ciertas esperanzas, Batista lucha contra su propia maquinaria. Por eso, es que busca apoyo popular y, por eso, la defiende, aunque sea esto paradójico. Su situación es difícil, sin duda, mas no hay que olvidar que acaso sea el hombre de mayor habilidad política que existe en la actualidad en Cuba; que sabe resolver problemas; que, al confrontar sus fuerzas, no pierde de vista las del contrario. En una palabra, Batista sabe su poco de álgebra. Por eso, si ve sus peligros, no deja de estudiar sus posibilidades de triunfo, basadas, principalmente, en las contradicciones del imperialismo; en los factores positivos de su ejército; en la frágil estructura marianista y en el desorden de la revolución. Las contradicciones del imperialismo, en general, no le son hoy muy favorables, pero tampoco se vuelven radicalmente contra él: por lo tanto, oportunidades de solución. En los factores positivos de su ejército, encuentra ciertos factores de disciplina lograda ya, ambición de conservar los privilegios conseguidos y un equilibrio en la dirección, basado precisamente en Pedraza, que, a lo mejor, de veras, es su enemigo. En efecto. Nadie sino Pedraza podría, hoy por hoy, darle «el golpe» a Batista. Aunque estúpido y brutal, Pedraza ha comprendido que no le ha llegado la hora y que no será hora hasta que le falte a Batista el apoyo del Embajador. Mas el Embajador no quitaría nunca a Batista para darle entrada a Pedraza. Antes de hacer aquello, de darle tiempo, propiciaría la desaparición de este del tablero. Y como los demás no tienen, ni personalidad unos, ni oportunidad por alejamiento otros, Pedraza es el eje —inmóvil— de esta situación. Por ejemplo, asesinado Pedraza, el paisaje cambiaría rápidamente, sobre todo de existir aún en Cuba movimiento popular creciente y lucha de Miguel Mariano por el control. En este caso, el coronel Francisco Tabernilla, oficial de carrera, *clubman*, y, por añadidura, jefe de La Cabaña, sería un magnífico rival peligroso, si se le dice algo en inglés. Porque, además, no tiene encima manchas de sangre y el argumento lo haría rápidamente popular. Sin duda porque ve todo esto, Batista no ha eliminado a Pedraza. Lo odia y le teme, pero tiene que mantenerlo, porque su desaparición le representa la suya o, cuando menos, un considerable debilitamiento de su posición. Además, lo necesita para los momentos graves en que, con algunas excepciones, los otros tal vez lo dejarían solo. Este equilibrio en la dirección que puede considerarse lo suficientemente estable mientras no haya una situación revolucionaria creciente y poderosa, es uno de los puntos positivos de la defensa de Batista. Él sospechará que a Miguel Mariano y a la revolución se les ha ocurrido ya el trabajo de zapa, pero piensa, y tal vez con razón, que este trabajo tienen que hacerlo más bien por la base y no por la altura que está comprometida. Por lo tanto, deduce que el trabajo, aunque sea efectivo, será largo y dará tiempo a tomar nuevas posiciones. En cuanto un cambio en la política de la Embajada ocurra, se pondrá instantáneamente más alerta, y este factor hoy positivo se debilitará en sus cálculos. Desde luego, como la incógnita personal es importante en esta ecuación, vamos a suponer que Pedraza, justamente atemorizado sobre la marcha de los acontecimientos, que se confabulan contra él con fuerza mayor que contra Batista, sin duda ninguna, arrastrado por un temor disfrazado de audacia, le da «el golpe» a Batista y lo derriba o la asesina. A los efectos del despeje de la ecuación del ejército dentro del sistema ecuacional de la política criolla, esto sería, desde nuestro punto de vista, una solución positiva en todos sentidos, menos, naturalmente, en el de las consecuencias inmediatas, posiblemente sangrientas. Porque, las contradicciones del imperialismo se acentuarían contra él más que contra Batista; porque el ejército se fragmentaría con mucha mayor facilidad y sería más asequible a la conspiración, ya que nadie pudo suceder a Alejandro, ni Perdicas ni Ptolomeo, es decir, ni Pedraza ni Benítez,[13] y Batista, como aquel, podría decir que sus funerales serán sangrientos; porque por último, la conciencia revolucionaria del pueblo se pondría más alerta y hasta porque los partidos politiqueros de la situación marianista se le pondrían en contra, con mayor o menor fuerza. Es decir, que en función de todas las otras ecuaciones, este despeje por eliminación de la incógnita

13 Manuel Benítez, general del ejército Batista.

de Pedraza es favorable. Lo probable será, si hay un cambio en la política de la Embajada, que Pedraza caiga y que Batista entre en concesiones, con vistas —hombre siempre alerta— a socavar las fuerzas del enemigo o a preparar el vuelo. Posiblemente, como esos campeones derrotados que hacen su «*come on back*» a base de que el nuevo campeón es un negro (Estados Unidos), Batista, para tomar de nuevo posiciones favorables, para ponerse a la ofensiva y dejar la defensiva, se apoyará, en las demandas ante su «*manager*» (el imperialismo) en los progresos alarmantes que vaya haciendo la revolución, y, más aún, en las imprudencias que esta cometa. Una insurrección prematura, por ejemplo. Con respecto a su actitud frente a la frágil maquinaria marianista —otra de las incógnitas—, Batista luchará por mantener posiciones dentro de ella. Él no ayudó a crearla para que fuera su enemiga, y, aunque hoy comprende que no puede ser su amiga, no forzará la fricción sino en caso muy favorable para él. El «ejército» de Miguel Mariano no tiene ni la unidad ni los recursos que el suyo, por lo menos en un examen superficial, pero, en cambio, acaso tiene muchas más posibilidades. Dentro de estas posibilidades no desdeñaría de entrar él. Por eso, cuando llegue el momento, estaría muy dispuesto a cambiar la hostilidad en pacto. Mas no solo va a ceder él, sino que va a ganarse un apoyo más o menos velado dentro de esa maquinaria marianista, por sectores del Congreso y de los partidos politiqueros. Lo último que haría Batista sería el darle «el golpe» al sistema de Miguel Mariano. Procurará ganarle batallas sin hacer mucho alarde de las victorias, porque es enemigo de quien quisiera ser amigo.

Porque recuerda que su posición con respecto al imperialismo y sus contradicciones, se reforzarían totalmente casi, si fuese posible esa alianza. Por tanto, él ganará tiempo, en espera de que los adelantados del movimiento popular y de la revolución hagan que Miguel Mariano coja miedo. Si se mantiene hasta allá, está salvado, piensa él. Con relación al movimiento popular y al desorden de la revolución, con toda claridad debe ver peligros y posibilidades. Si estuviera en una posición más estable, probablemente propiciaría ciertas imprudencias populares para que su «*manager*» se diera cuenta con rapidez de todos los peligros. Mas como no está en esa situación, vigilará el movimiento y hará esfuerzos por desviarlo. Posiblemente, de su nuevo viaje por la Isla traerá nuevos planes. Debe, aparte de otras razones, haberlo planeado con la intención con que se manda a la vanguardia a tomar informes sobre el enemigo. Este viaje debe mostrarle con claridad que no ha habido un cambio popular notable. Tenemos que esperar que no haya más entusiasmo que el artificial, en todas las recepciones. Y, aun en las caras que vea, notará más que nada, una interrogación. Muchos irán a verlo como quien va a ver un enigma, a descifrar algo. ¿Qué irá a hacer ahora este hombre? Se preguntarán muchos de los que vayan a contemplarlo. Y los ojos que preguntan se conocen bien. A su regreso él debe traer nuevos planes con respecto al movimiento popular. De todos modos, se da cuenta de su formidable peligro; peligro si lo reprime antes de tiempo y peligro si lo reprime tarde. Él tiene que estar como el cocinero que vigila «el punto», pendiente de que no «se cuaje» la masa «porque se le echa a perder el pastel» y desacreditado ante «la casa» y el «patrón», perderá «el empleo». Y sabe que este «pastel» es más difícil que todos los otros, porque en él entran una casi inconmensurable cantidad de ingredientes, cada uno en proporción distinta y con distinta capacidad de resistir el fuego. Mas alerta que nunca, ante el movimiento popular fingirá cierta complacencia y mantendrá a la Embajada en constante tensión sobre sus peligros con el doble propósito de mantener sus conexiones con el imperialismo y anticipar el momento de la represión, es decir, el de su tranquilidad. Por otro lado, las divisiones del campo revolucionario lo calman un poco. Sabe que las masas necesitan cauces, y que, aunque a la larga, de no dárseles, ellas por su cuenta los trazan, esto es siempre a la larga; es decir, que si la cosa va a ser así y la incapacidad es tanta, también se siente un poco tranquilo. Por eso, una de sus fuertes esperanzas es la división y el desconcierto revolucionarios, que no logra darse unidad de criterio y de acción. Sin embargo, comprende que esto, de todas maneras no durará demasiado y que, también «a la larga», la cohesión revolucionaria vendrá, con todo su poder. Mas, habrá ganado tiempo y, posiblemente, para entonces, su situación podrá ser distinta; habrá podido, quizás, acoplarse a la maquinaria marianista y los compromisos del imperialismo a lo mejor no serán tantos. Su problema, pues, es prolongar la desunión revolucionaria. Para ello, bien le viene demorar el regreso de los exiliados, porque, una vez en Cuba, será más fácil llegar a un acuerdo general entre ellos. Su ideal sería que surgiera una división profunda en las filas de la revolución, que la debilitara. También su ideal sería un golpe prematuro, que le diera ocasión a un triunfo fácil y a una movilización general del ejército, con un nuevo incremento de su personalidad triunfal. Mas él no tiene poderes sobre estas posibilidades que quisiera que se presentaran: en este sentido, su único poder consiste en advertir a la Embajada de tales hechos y considerarlos como bastante próximos. En una palabra, «en meter miedo» sobre ellos. Aquí, fatalmente, Batista entra en función del tercer grupo de este sistema de ecuaciones: la revolución. En el orden estrictamente militar, está preparado con sobra para hacerle frente, mas él debe darse cuenta que todo esto es exterior, y que, si no tiene acierto en el «punto», su misma «masa» lo aplastará. En el orden del apoyo popular, sabe también que si la revolución, por su parte, sabe madurar la fruta, tendrá una enorme fuerza de masas, si sabe esperar y vigilar y abonar, su «cosecha» será aplastante. Su trabajo, en este sentido, consistirá en hacer abortar esa «madurez». Para ello «carburo» a los mangos es lo mejor. Carburo quiere decir fuego, llama, por supuesto. Por otro lado, ¿entraría él en tratos con la revolución? ¿Trataría de buscar apoyo en cualquiera de sus fracciones? Francamente, parece improbable, a menos que ocurra una traición desvergonzada, en cuyo caso, aunque sea «a la larga» los factores de la revolución se robustecerán. Aunque rápido, esto merece un examen. Batista solo tiene en el campo de la «revolución» en Cuba, aparte de la posibilidad marianista —porque Miguel Mariano, como él, es hijo del imperialismo— la del ABC. El ABC es hermano de Batista; pero ellos son Caín y Abel (Abel era un cabrón también, desde luego). Los dos aspiran a la misma comida y al mismo premio. El ABC es aún peor que Batista. (El ABC es Martínez Sáenz aunque algunos se empeñen en lo contrario.)[14] El ABC odia a Batista porque le quitó la oportunidad de ser más vil que él. Batista odia al ABC porque, para el imperialismo, para «su padre», el ABC, esto es «su hermano», es —sería— aún peor que él, si pudiera utilizarlo. Por eso jamás se pondrán de acuerdo en el fondo. Por eso, Martínez Sáenz intriga con Welles en Washington por desplazar a Batista. Con los otros sectores Batista no tiene oportunidad ninguna, por lo menos hasta que no ocurra algún desenmascaramiento rotundo. Y este no podrá ocurrir, dadas las circunstancias, sino precisamente después que Batista caiga con todo

14 Joaquín Martínez Sáenz.

estruendo, y, ya frente a la revolución en marcha, el imperialismo, en busca de un Calles cubano, afile todas sus astucias y derroche todas sus promesas en la busca de un traidor. Lo que no quiere decir que no aproveche con habilidad todas las divisiones y, en apariencias, algunas veces parezca que está aliado a determinado grupo revolucionario, cuando, en realidad, lo que está es frente a otro, parapetándose, al paso, en una trinchera ajena. Esto se aclara más fácilmente por el procedimiento matemático que se llama «por reducción al absurdo», utilizado cuando se quiere llegar a una solución positiva por un camino negativo. Por ejemplo, planteando este problema así: ¿Puede Batista aliarse hoy con el PC? ¿Con Grau y los Auténticos? ¿Con la Joven Cuba? ¿Con IR, PAN, etc.? Por este método se admite que sí, e inmediatamente resalta el absurdo, con lo que ya no hay que demostrar nada. Que es lo que nos proponíamos demostrar, como se dice en matemáticas. Ahora bien, no hay que olvidar que Batista está, en este problema, como en todos, a la caza de coyunturas. Él es el cazador que ha ido a la selva a cazar panteras. Pero lo mismo dispara sobre los venados. Su problema es limpiar el bosque. Y en este sentido, él no olvida que en la revolución, como se verá en el desarrollo de sus ecuaciones, hay dos grupos, los que quieren la unión, el *Frente Único*, en cualquiera de sus formas, y los que rechazan ese camino; también, los que quieren aceptar las nuevas condiciones de lucha y los que no las admiten. De estas contradicciones sacará partido y ganará tiempo. Porque siempre su problema es ganar tiempo, «oír la campana». Si disfrazado, pudiera actuar dentro del campo de la revolución, estaría contra el *Frente Único* y contra la aceptación de las luchas por el movimiento popular en Cuba. No hay duda. En el primer caso, porque el enemigo permanecerá débil, desorientado y hasta, en cierto punto, desprestigiado ante las masas; en el segundo caso, porque sabe que la insurrección sin base popular irá al fracaso, y que, además, en cualquiera de sus formas, hoy la puede considerar lejos. Es decir, ganar tiempo, «oye la campana». Para entonces ya habrán cambiado muchas cosas. Inclusive Miguel Mariano y el imperialismo y sus ataduras. En resumen, pues, la «incógnita» de Batista es bien clara aunque sea negra. Signo negativo siempre. Hombre en la encrucijada. Problema vivo. Trinchera movible. Con respecto al imperialismo, inconveniente, pero apoyo hasta ser sustituido; con respecto a Miguel Mariano, si este se solidifica sin su apoyo, desaparición; si lo desplaza, en cualquier forma, baja mayor aún de nivel; con respecto a la revolución, fuerte con «*camouflage*»; trampa de atrapar tanques... Este hombre es hoy en Cuba la angustia del tiempo. En la imaginación se le ve desesperado, como Wellington gritando «¡Blücher o la noche!» Esto es, la noche de la confusión y el desorden, la desorientación. Solo en el desorden puede este hombre estar tranquilo; solo en la desorientación puede encontrar con claridad un rumbo: aumentarla. Es como esos objetos a los que solo mantiene visible el remolino; si se precipitan, se hunden; si son arrojados por la periferia, desaparecen en la vastedad ilímite. Necesita el remolino y lo pusieron para que lo detuviera. Es un hombre sin solución. En álgebra debe llamársele una ecuación indeterminada. Lo único cierto es que tiene signo negativo para todos; signo negativo en función de todas. Y si pervive, es porque muchas de las otras ecuaciones también lo tienen, aunque a lo largo de las sustituciones de valores ocasionalmente lo cambien. Batista, cada vez que se cambia un valor en la ecuación, cada vez que se despeja una incógnita, deviene más negativo siempre. Siempre llevará en nuestro proceso el signo de menos. Porque este es el signo de la traición.

El tercer punto, la tercera ecuación de este sistema de la política criolla es el del movimiento popular. Desde luego, no hay que aclarar cuánto está conectado con los anteriores y, sobre todo el último sistema de ecuaciones: la revolución. No obstante, tiene ya sus propias características, sus posibilidades claras. Con respecto a la revolución es, quiera o no quiera esta, su vanguardia poderosa. Con respecto a la situación militar, entraña un poderoso resurgimiento de la lucha contra ella; con respecto a Miguel Mariano, significa hoy una presión y mañana una denuncia; con respecto al imperialismo yanqui, es el gran peligro, el plano sobre el cual inciden sus fuerzas y las de sus aliados; es el plano que se levanta sobre su subnivel forzado. Es un plano que puede convertirse en vertical. En todos sentidos su signo es positivo. Es como un anuncio lumínico rojo en medio de la noche, en la que solo hay muy pocas luces, y estas de colores indecisos. Con respecto a la revolución, hoy parece conformarse con hacer de vanguardia; pero devendrá, fatalmente, cuerpo principal —o la revolución se volverá signo negativo—. Sus actividades plantean problemas que agudizan todas las contradicciones políticas de Cuba e irritan todas las incógnitas personales. Hoy, el movimiento popular es, no solo el gran estratega sino el gran Maquiavelo de la revolución. Él pone en pugna al imperialismo y a Batista; a Batista y Miguel Mariano; Pedraza y Batista; fragmenta al Congreso; alienta la revolución. Hoy solo será signo positivo quien esté con él. Porque él es el único capaz de plantear problemas serios; el único capaz de forzar la situación de Batista y de presionar las acciones de Miguel Mariano: la amnistía, las libertades de palabra, prensa y reunión, la Constituyente son las promesas demagógicas de que se ha agarrado para luchar, como quien finge creer en el valor de un charlatán y lo empuja a realizar todas las hazañas que ha prometido llevar a cabo. En todas estas luchas no hay más que posibilidades de victoria; sobre todo, si se admite, como se despejará más adelante, la verdadera situación de la revolución. Miguel Mariano es el charlatán de café que ha pregonado su valor y que «no cree en guapos». El movimiento popular sabe que no hay tal valor, que está lleno de miedo ante la empresa, pero que es de esos guapos que, en público, sobre todo si la policía está cerca, por no quedar mal y no «perder el cartel», pueden decidirse. Sobre todo, porque después ya no tendrá que pelear más. Lo que es una característica de este tipo de «guapos». Y claro que sí, por fin, «tira la bofetada», el movimiento popular habrá de apoyarlo y aplaudirlo, y fingir que lo ha convencido con su valor... Y en prueba de que está totalmente convencido, le buscará enseguida nueva ocasión de pelea. Hasta que «el guapo» se «le raje». De lo que sí está convencido que fatalmente llegará. Naturalmente, Miguel Mariano, si cede a la presión popular y plantea los problemas, ganará mucho crédito y más aún, si vence. Pero no hay dudas por hoy de que la victoria de Miguel Mariano frente a la situación militar, será una victoria del pueblo, del movimiento popular, aunque sea una victoria parcial sobre sus objetivos finales. Su posición es de objetivos inmediatos: primero frente a la situación militar, al lado de la revolución y de Miguel Mariano —si da la pelea—; después, caso de ser vencedor, al lado de la revolución, frente a Miguel Mariano. Y no hay duda de que, aunque la situación de Miguel Mariano controle una parte del pueblo y que esta sea considerable; y aunque el ejército envuelva otra porción ya menor, la gran mayoría popular está tácitamente con la revolución y lo estará clamorosamente cuando la revolución interprete bien sus impulsos. Con relación al imperialismo yanqui, el movimiento popular tiene ya concepto mucho más claro de sus contradicciones. Cuando un hombre amenaza con tirar y no tira, pierde el respeto. En Cuba el imperialismo yanqui ha amenazado en falso varias veces. No se le «respeta» tanto, aparte, de que se le conoce más, y, por otro lado, puede llegarse a ese caso climáxico por el cual un hombre se dispone a pelear con cualquiera. Es decir, que ya el movimiento popular actúa en Cuba sin una buena parte de aquel lastre penoso y grávido de «la intervención», lo que le da más soltura, más agilidad, más fuerza, y, por tanto, más posibilidades. Por ello, frente a él, habrá que emplear, o nuevos recursos, o la aplicación, hoy, de medidas de ayer, lo que quiere decir, demasiado peligrosas. Queda bien claro, que en función de los tres sistemas ecuacionales, el movimiento popular es positivamente positivo. Por tanto, resta, es menos, quien está contra él; quien no está con él, en consecuencia, muy bien puede estar con los que pueden estar contra él: imperialismo yanqui; Batista y Miguel Mariano (pasado cierto límite).

En resumen, todo este *segundo sistema* de ecuaciones que he llamado «de la política criolla», un poco caprichosamente, muestra un entrecruzamiento de signos: Batista, menos; Miguel Mariano, más-menos; y movimiento popular, más. No puede emplearse, para llegar a una solución final y correcta, el procedimiento algebraico de la fusión de signos, porque para ello habría que hacer un análisis más profundo y extenso de cada ecuación, descomponiéndola en todos sus valores. Más por más es más y más por menos es menos, pero hay que averiguar el número de signos dentro de cada ecuación. No obstante, de una vista general se ve que Miguel Mariano con sus signos, que podemos llamar «indiferentes»

—más menos— puede ser considerado la clave de esta solución. Si se tiene en cuenta, como se ha tenido, la dimensión tiempo, en la primera fase podemos aceptar que su actuación tendrá signo positivo, estará al lado del movimiento popular positivo; en la segunda fase, al crecer este signo más de la cuenta, el suyo será negativo. En lo inmediato, pues, la solución es favorable dentro de este sistema y, con respecto a lo futuro, cualquiera que sea su posición, nosotros estaremos más fuertes, sin discusión ninguna. En conexión, en función con el primer sistema, o sea el del imperialismo yanqui, llegamos a igual solución: favorable en la fase electoral de Roosevelt; una incógnita después, mas que no debe considerarse demasiado pesimista si los republicanos, derrotados, erizan sus enconos y obligan a Roosevelt a usar mucha prudencia, es decir, poca fuerza.

Tercer sistema: Campo revolucionario. Entro en el análisis de este terreno algebraico, convencido completamente de la bondad del sistema analítico. Por tanto, sin vacilaciones. Por lo pronto, hay que reconocer dos ecuaciones fundamentales, que, más o menos, tienen distinta formulación.

Más o menos son estas: la revolución que está por el *Frente Único* y la que está contra él; la que está por el regreso a Cuba para incorporarse al movimiento popular y encabezarlo, y la que está por quedarse en el exilio; la que está por un concepto dialéctico de la revolución y la que se conforma con el asalto insurreccional sin preparación. En el fondo, una serie de variantes de dos ecuaciones claras: la de los que están en la revolución con un honrado, limpio, claro, consciente concepto del grado alcanzado por nuestras luchas contra el imperialismo, sin más ambición personal que la del triunfo de tales ideas y de tales conquistas, y la de los que están o por el atraso mental, o por ignorancia histórica o por mala fe política, o por ambición personal de poder inmediato, inclinados a métodos desacordes con la realidad, en función del pueblo, de su porvenir y su bienestar. Más claro aún: los que están de acuerdo en una revolución para Cuba, en marcha hacia el socialismo, cumpliendo sus etapas naturales, y los que, aunque no lo digan, odian esta solución, y, urgidos por los hechos, apelan a métodos que todo lo retrasan y todo lo confunden. Como no pueden expresar el fondo de sus pensamientos antisocialistas y antiobreros; como, inclusive, tienen hoy que tener un lenguaje parecido y promesas semejantes casi a las de los del primer grupo, estos se ven forzados a contradecirse con actitudes lamentables. Y estas son las ecuaciones fundamentales, con todas sus variantes. En ellas por paradoja estupenda, se encuentran casos particulares, «incógnitas» personales, de individuos que pertenecen a una serie, dentro de ciertos límites, y a otras también dentro de ciertos límites; quienes quieren honradamente el *Frente Único*, pero están en contra de las luchas populares de preparación insurreccional; quienes no tienen ambición personal ninguna y están contra el *Frente Único* como solución; quienes están por una lucha antimperialista a fondo y están en contra de la evolución socialista de la revolución. En fin, una serie de complicaciones sorprendentes y hasta regocijadas, y que provienen, en su gran mayoría, de una ignorancia persistente, pudiera decirse, de una ignorancia aferrada a sí misma, con miedo a dejar de ser ignorancia. Mas esto no hay que tratarlo. En Cuba todos somos «líderes», en principio. Y desde el principio también. Por eso no tiene demasiada importancia el despeje de la incógnita de tanto «líder». Dentro de poco, en Cuba habrá más «líderes», que «masa». Esto es un reflejo de todo. Acuérdate que hemos conocido muchos más generales, jefes y oficiales del Ejército Libertador, que soldados; y el actual ejército de Cuba, en proporción, tiene más oficialidad que ninguno otro del mundo. Es decir, más «líderes». Por eso es un axioma, o, por lo menos un postulado, que, mientras no se demuestre lo contrario, todos somos líderes. Inclusive nosotros. Analicemos, pues, las dos ecuaciones fundamentales.

La revolución con proyección hacia el socialismo comprende una serie de grupos que, si ocasionalmente son los menos numerosos, están destinados, de manera absoluta, a ser los de filas más nutridas. Porque el pueblo va hacia el socialismo, es decir, hacia donde van ellos. No hay que señalar los grupos por sus nombres; sin embargo, ahí están el Partido Comunista en primer término y los grupos integrados más o menos por estudiantes, profesionales y otros elementos, casi siempre de la pequeña burguesía, conocedores ya del problema de Cuba y de sus únicas soluciones, con cierta concepción general de todos los problemas, cierto desinterés personal inmediato, cierta base programática hacia lo agrario y lo social. Grupos, en fin, de diversa meta, pero de igual rumbo. Sin duda, la identidad del rumbo crea la posibilidad de una unión bastante sincera, mas la diferencia de las metas crea, como se sabe, fricciones que no son muy suaves muchas veces. Por eso, ni en este sentido, ni esta ecuación, puede considerarse plasmada totalmente la unidad revolucionaria. Pero su marcha unida, será sin embargo, relativamente larga. A través de la acción, tanto en sus filas, como en sus zonas de influencia, se hará más clara y precisa la marcha en la revolución con vistas a la socialización de Cuba. Hoy, ante los problemas políticos nacionales, se observa una confluencia casi perfecta de varios de esos grupos más importantes. Todos están por el *Frente Único*; todos están por el aprovechamiento de las condiciones actuales, de las contradicciones políticas del imperialismo, Batista y Miguel Mariano; todos están por una revolución de masas, por una insurrección de masas; todos están por una serie de medidas antimperialistas relativamente moderadas; todos están dispuestos al sacrificio de parte de sus programas con tal de obtener la unidad de acción indispensable para el triunfo en esta etapa. Particularmente en este proceso, aunque en definitiva no se acepte la línea de aprovechar el movimiento popular por los otros tienen una real oportunidad de engrosar sus filas y ampliar sus influencias respectivas, tanto en lo ideológico como en lo meramente organizativo. Su fuerza puede considerarse «*in crescendo*» y aún podrá llegar a ser tal, que podrá influir en la ideología aparente de los grupos de la otra ecuación. La situación social y económica de Cuba favorece naturalmente su política aunque tropiecen con el inconveniente de no tener lo que pudiera llamarse «líderes» nacionales, ya que otra clase de líderes ya sabemos que abundan de sobra. Y esto de los líderes nacionales, sin duda tiene remedio, pero es problema de ocasión. Porque algunos nombres ya los hay: por ejemplo, Marinello y Vergara indiscutiblemente que han alcanzado amplia categoría. Y no hay duda de que si los actuales líderes se sacrifican a conceptos falsos o a presiones interesadas y equivocadas de los comités dirigentes, nuevas figuras nacionales serán creadas alrededor de los justos intérpretes de los anhelos populares. Y esto no quiere decir que los antiguos líderes nacionales desaparezcan, porque en Cuba esta clase de individuos resucitan siempre, son eternos inmortales. Son los «fantasmas» de la historia de Cuba, que aparecen y desaparecen misteriosamente. El caso de Menocal y Mendieta es la prueba. Cuando uno de los «fantasmas» no sale, como Machado, es solo porque otro compañero le ha robado la «sábana». Por ello, no hay que pensar ni creer en un desplazamiento ilusorio y hasta perjudicial, porque acaso ello produciría la incorporación precoz al campo reaccionario de muchos de sus partidarios y el alejamiento de los problemas políticos de otra parte. Solo en la lucha, en la participación es como se podrá ir ganando a todo ese grupo —a los que sean capaces de dar el paso— hacia el concepto social y dialéctico —dinámico— de la revolución. En definitiva, pues, deben considerarse cada día más brillantes las oportunidades de la ecuación revolucionaria, con sentido social de la lucha, en primer lugar, porque su ideología es más clara, más firme su propósito, más frágiles sus contradicciones y, en segundo lugar, su posición es más acorde con la realidad, con la historia, con los deseos populares. Frente a las contradicciones del imperialismo, de la situación marianista y del ejército, su actitud es la más hábil y su fuerza parece ser cada día mayor. Mientras los elementos de esta ecuación más capaces sean en fundirse y en ponerse de acuerdo con la próxima meta, mayor será su empuje y su fuerza real.

La segunda ecuación de este sistema es mucho más complicada, porque su posición es más forzada. Los problemas de la primera, en todo lo interno son relativamente escasos y de menor importancia. En cambio, a este grupo se lo comen, y lo van desintegrando paulatinamente, la amarga naturaleza de todas sus importancias. Sin embargo, están hoy, puede decirse, a la cabeza de la revolución a virtud de una serie de hechos, cuyo análisis pormenorizado no procede aquí, por obvio, pero que giran, en general, alrededor de dos motivos: la personalidad nacional de algunos nombres —acaso de uno solo— lograda durante el gobierno septembrino, y las posibilidades insurreccionales alentadas al calor del dinero obtenido para la «insurrección». Es una lástima que ya no tenga yo hoy —hoy es lunes y acabo de regresar del trabajo— el mismo entusiasmo analítico del sábado, porque presiento que aquí hay una serie de ecuaciones secundarias y de incógnitas secretas, que pueden escapárseme con facilidad, y que no dejan de tener importancia para el desarrollo de todo el grupo dentro del sistema. Por lo pronto, con relación a un punto fundamental de esta ecuación, o sea, su orientación con respecto a la revolución, para mí, por convicción profunda, íntima, solo desvirtuable por hechos claros, en que no intervenga —como intervino en su ascenso popular— la obligatoria demagogia a la desesperada, toda esta ecuación hay que suponerla como frente a la otra, en el sentido de que no está por una etapa de la revolución en camino hacia el socialismo; que está, allá en lo profundo y muchas veces hasta en la superficie bien palpable precisamente en contra de ello; en contra, inclusive aun cuando los hechos, el impulso popular, propiciado por favorables circunstancias, la obliguen a encabezarlo y triunfar...; aun en este caso, siempre me parecerá a mí, que por lo menos una parte de este grupo ha ido al triunfo, de la misma manera como en las películas cómicas algunos protagonistas se hacen héroes sin saberlo; aun como algunos caballos de invencible «estamina», como *Man O'War*, triunfan a pesar de encontrarse vendido su jinete. Por todo ello, está enfrente de la otra y la mejor solución sería que aquella la fuese absorbiendo en el camino ascendente de la revolución. Mas no hay que hacerse muchas ilusiones, porque, como sabemos, su posición obedece con claridad, también, a un criterio clasista de la lucha. Ellos pertenecen a los que se quedan en la meta cuyo rótulo dice: Cuba para la burguesía cubana, lo que solo puede leerse, sí, como en los papeles de espionaje, ponemos al fuego —al fuego de la revolución— el lema de amplia vaguedad: Cuba para los cubanos. ¿Qué posibilidades tiene toda esta ecuación dentro del sistema general cubano de lucha contra el imperialismo yanqui? Sin duda hoy está enfrente de él, por dos razones, primera, porque él, en su ambición, también la oprime, y, segundo, porque solo podrá obtener concesiones de él a base de apoyarse en la opinión general, en la fuerza total, popular de lucha, que sí está directa e irreconciliablemente enfrente de aquel. Pero no hay duda de que su meta es la primera. Yendo de La Habana a Santiago, esta ecuación se resuelve en Matanzas... Y, desde luego, como para ir de La Habana a Santiago hay que pasar por Matanzas, pues vamos todos juntos a la comparsa. Y hasta Matanzas tendremos que ser buenos amigos, porque es enojoso y peligroso hacer el viaje juntos con enemigos. Y no hay duda; si el imperialismo tiene que tomar ese tren, preferiría de todas maneras quedarse en Matanzas. Porque él es como esos ricos capturados por los gángsters, que cuando ya no les queda más esperanza que soltar el dinero, procuran obtener alguna rebaja en el rescate, o pactan con ellos a base de dar lo pedido siempre que ellos no lo molesten más a cambio de no delatar él a la policía a sus secuestradores, con lo que queda en advertida amistad. Lo que quiere decir que, como pueda, los delata y los lleva a la silla eléctrica, porque el rico —el imperialismo— no olvida nunca que tiene «el deber» de rescatar lo que le «han robado» «por su libertad». Y para ello, o aprovecha la traición de uno de los «gángsters» —caso muy corriente en América Latina— o la oportunidad favorable de un cambio político general, para recuperar todo lo perdido y, de serle posible, cobrar sus intereses. Y todo este mundo de recelos y traiciones del imperialismo, para aquellos con quienes, de ser un poco menos avaricioso, podrían llegar a ser sus aliados, ha hecho que muchas veces estos se hayan visto precisados a ir más lejos de lo que se proponían. Es decir, a no bajarse en

Matanzas y seguir para Oriente... Y es conveniente saber esto, desde luego. Mas hay una cosa cierta, interna en esta ecuación, y que es resultante de la poca claridad de su posición y la falta de esa fe profunda y hasta un poco lírica, que da alientos secretos: esta ecuación es menos fundible en sus componentes que la otra. A diferencia de la otra, tiene la misma meta, pero sus rumbos son distintos y muchas veces contradictorios: son el perro y el gato que van a comer en el mismo plato. No son, como en la otra ecuación, en que el rumbo es el mismo y distintas las metas, donde todos van hacia la misma montaña y unos quedarán en las faldas y otros ascenderán a la cima. Todo el problema entre ellos se reduce a cómo llegar, de la misma manera que en la otra ecuación el problema es, hasta dónde llegar. El que va más lejos que otro, no pierde nada por acompañarlo en su marcha hasta donde aquel vaya. Al contrario, así irá más acompañado. Pero cuando dos van al mismo sitio, y uno tiene máquina y otro caballo; y uno quiere pasar por un lado y otro por uno distinto, difícilmente se ponen de acuerdo. Porque el problema en esta ecuación no es solo de camino, sino de vehículo también. Y hoy esto está a punto de plantearse con toda claridad. Sin perder de vista los otros puntos, las otras incógnitas, vemos esto, que viene a complicar los resultados de la ecuación: Por lo pronto, hay auténticos y Joven Cuba. Mas, desde luego, se ve que estas ecuaciones han resultado sistemas. Los auténticos hoy tienen dos nombres, dos caminos: Ramón Grau San Martín y la OA. La Joven Cuba casi pudiera decirse que es como una de esas plazoletas de convergencia en las grandes ciudades, de las que salen tantas avenidas, que el que no conoce bien la ciudad no sabrá para dónde ir. Nosotros —por lo menos yo— no conozco bien esa plazoleta que dentro de la revolución es la Joven Cuba. Por ello no me queda más remedio que dividirla en Norte y Sur, Este y Oeste: al Norte están los que quieren el *Frente Único*; al Sur, los que no lo quieren, al Este, los que quieren la inmediata insurrección; al Oeste, los que piden la aclaración de todos los problemas, inclusive, y primero, el del dinero. (Y esta sola es una ecuación dificilísima... Sobre todo para los que han manejado ese dinero.) Y dentro de estos puntos cardinales hay tantas desviaciones, que sin duda podrían utilizarse una porción de puntos colaterales para señalar grupos —ecuaciones—; por ejemplo, Habana, México, Torrado, Calixta, Tatica Jordán, Pepe Velázco.[15] Y eso lo que conocemos nosotros. Y no hay duda, cuando una ecuación tiene tanto dato indeterminado, la incógnita, al despejarse, puede dar cero o infinito. Es decir, que no hay solución para ella. No es esto exageración ninguna. Miremos la realidad. La Joven Cuba, como los auténticos, pero más aún que ellos, tiene ante la revolución, y ante el pueblo de Cuba, el gravísimo problema del dinero tomado específicamente para la revolución. Y esta palabra para ellos quería decir únicamente, insurrección. Y en efecto, dinero no han gastado en ninguna otra de las formas y métodos por los cuales hay que conducir a las masas hacia la insurrección. Ahora, ante la nueva situación política en que aparece posible la realización de un movimiento popular ascendente, la Joven Cuba se encuentra con que ese dinero, o una buena parte de él se ha perdido o se ha malgastado. Los rumores son ya francamente acusadores y desmoralizadores. La Joven Cuba, muerto Guiteras,[16] pervivía a base del dinero obtenido. A base de ese dinero, los auténticos han entrado en pacto con ella. El asunto de Laredo, admi-

15 Pedro Pablo Torrado, Calixta Guiteras, Reinaldo Jordán, José Velázco, miembros de la Joven Cuba.

16 Antonio Guiteras.

tiendo, como para nosotros procede y es lo mejor para la seguridad del cálculo, que fue absolutamente limpio, no tiene en buena lógica, solución posible. Porque, si todos esos vagones estaban cargados de armas en cantidad tal como para justificar el dinero en poder de Torrado, resulta ingenuo pensar que el imperialismo yanqui las va a entregar. Y el gobierno de México tampoco se va a arriesgar a una reclamación retrasada e inexplicable, porque de haberlo querido hacer lo hubiera hecho inmediatamente y con todo vigor. Por el contrario, hubo negativas oficiales al respecto. En ese caso, el único camino sería utilizar a los contrarrevolucionarios mexicanos, lo que, aparte su turbiedad, no se conseguiría sin una poderosa «comisión», y, sin el desprestigio inmediato en México de tales revolucionarios y la persecución, por ese gobierno hoy bien estable, de todo embarque para Cuba. El chance de esas armas —de ese dinero— para la revolución de Cuba, es de un 10 %, concedido con toda esplendidez. Y, si por el contrario, Torrado en una jugada de desesperación, urgido por el plazo que se le había concedido, ante tener que pegarse un tiro, hizo un *camouflage* y obtuvo una venta barata, entonces es cierto que el dinero estaba perdido. Y, aunque a los efectos de recuperarlas, los inconvenientes son los mismos que en el primer caso, supóngase obtenidas: entonces, aparte de la pobreza del equipo, la enorme desmoralización producida por el hecho tendría repercusiones tales que acaso ni con su mismo fusilamiento podría obviarse. Es una voz unánime ya que ese dinero costó la vida de Guiteras y Aponte y de otros más, y que no puede perderse sin escarmiento y sanción. En todo caso, ello obligará a una justificación tan amplia y difundida que será casi pública, con todos los peligros que, particularmente para la insurrección, ello encierra. Y quien se ponga a poner obstáculos a esto se verá fatalmente envuelto en la misma neblina de descrédito y condenación. La Joven Cuba, si ha perdido ese dinero y no tiene las armas —cosas ambas verosímilmente posibles dadas todas las circunstancias realmente conocidas—, está, como se dice vulgarmente, en una encrucijada; está, como cuando en un naufragio los botes de salvamento toman rumbos diversos, según a dónde los arrastre la tormenta. Aquí la tormenta es su impotencia para cumplir sus fines. Y, como el hombre desesperado por el pánico, que, al verse sin salvavidas, de un hachazo mata a un compañero para quitarle el que lleva y salvarse él, la Joven Cuba en este sentido, tiene una solución: planear un nuevo secuestro, un nuevo asalto y nutrir sus fondos para seguir lanzando su consigna de insurrección y justificarse la vida. Y habrá matado algo, a un compañero de verás, porque si en estos momentos, un hecho de terror de importancia viene a auxiliar a Batista y Pedraza y a robustecer su posición ante la Embajada y el imperialismo, el prometedor movimiento popular sufrirá un rudo golpe. Mas los crímenes pocas veces quedan sin denuncia y castigo y difícilmente este será una excepción. Porque el primer castigo que tendrán en este momento quienes tal cosa intenten será la repulsa inmediata del pueblo de Cuba y muy probablemente, la denuncia de las organizaciones revolucionarias que tratan de elevar el índice de la lucha popular. Los auténticos también tienen su problema con relación al dinero. Los 150.000 pesos del Ayuntamiento —más o menos— han sufrido una merma de tal naturaleza, que, como tal vez sepas ya, la petición de un informe sobre esto —16, 12, 1935— por parte de Llanillo, miembro del CC dio lugar a que se viera precisado a renunciar. Parece no muy lejano de la verdad, que 100.000 pesos de esa cantidad se han gastado. ¿Vamos a creer que ha habido tal hermetismo —primero y único en la historia de

Cuba— que todo eso se ha gastado en armas y que está allá, esperando la llegada de los héroes? Hay quien sabe un poco de detalles de todo este asunto y se reiría de la suposición. Ajustándonos a la realidad, todo indica que ha habido una administración descuidada. Por consiguiente, investigación, escándalo, denuncia y desmoralización. Y, desde luego, fuerzas reales reducidas. Yo no tengo que dar cuenta de nada de eso, pero sí es una cosa cierta que la razón dada a Llanillo —«que no tenían que dar cuenta porque eso era como si fuera de particulares»— no la va a admitir la masa del Partido, ni menos el pueblo, entre otras cosas, porque ello equivale a hacer bueno el dicho de la prensa reaccionaria calificando de gángsters a los autores. En fin, sin duda, sin duda de ninguna especie, este problema del dinero, en toda la ecuación, va a producir una situación en extremo confusa y dolorosa, en detrimento de ella misma, que ha de contribuir en alto grado a desmoralizarla y debilitarla en todos sentidos. Lo que sería perjudicial para la revolución, desde luego, por lo que, en cierto sentido, también a nosotros debe preocuparnos la mejor solución de este asunto, por esta razón y, además, porque ello debilita el aparato insurreccional que de todas maneras hay que preparar a plazo más o menos largo. Y todo ello no quiere decir que, si por fin se llega a la concertación de criterios comunes, no se exija a todas las partes la declaración formal de las justas fuerzas y los verdaderos elementos que tengan. Aunque sea para cumplir con la indicación popular de que «vamos a andar juntos pero no revueltos», y porque, cuando en una familia hay un ladrón, el resto tiene que ser más honrado que nadie para no parar fácilmente en la cárcel a la menor duda de la policía —la policía: el crédito público—. Claro es que todo este problema del dinero gira en la misma órbita que otra de las ecuaciones contradictorias dentro de este sistema: la de la representada por aquellas que ya, sin mayor informe —y, es por eso, desde luego, que no necesitan informes— se pronuncian en contra del aprovechamiento del movimiento popular y se empeñan en dar cranque a la historia como si esta fuera un Ford antiguo, pronunciándose, cerradamente, a pesar del largo y casi grotesco fracaso de un año y más, durante el cual a punto se ha estado de caer en el menocalero procedimiento de anunciar la insurrección a cada paso. Durante el cual, haciendo una maravillosa variante táctica, inclusive se llegó a pensar en sacar a los expedicionarios de Cuba —Santiago— para traerlos de nuevo. Algo así, como uno de esos viajes Nueva York-Habana-Nueva York que organiza aquí la Ward Line... probablemente también, con la obligada visita de los turistas a los bellos «repartos» de La Habana Nueva y a las antiguas fortalezas de La Habana Vieja... Todo este grupo —elementos de la Joven Cuba y de la OA— se aliarán contra la otra corriente, formulada a través de las declaraciones de Grau, aunque con la timidez característica en él, de aceptar la nueva situación y sacar provecho de ella. Sin ambages, dos grupos: al poder por la insurrección y al poder por la elección. Es decir, a Matanzas en máquina o a caballo. Y los de la máquina quieren llegar tan velozmente, que en las curvas de Madruga y La Mocha se van a volcar y allí los van a «madrugar» y a «mochar»... Y aunque esto haya salido una coña de mal género, nosotros sabemos que así será si es que al cabo realizan sus intentos. Porque, además, resulta claro, y tenía que ser dada su posición, que los que están por la insurrección, están por ella cuanto antes: no hay más problemas «ideológicos» que conseguir las armas, los tiros y los barcos. Luego, alguien que sepa poner el timón para Cuba. Y ya está. «Mira, cómo resuena ya...» Después, en su imaginación no ven más que hazañas y el universo entero paralizado escuchando el relato cablegráfico de tales prodigios insignes... Y en medio de todo esto, yo no sé, cómo a alguien no se le ha ocurrido que si todo lo que les hace falta para la revolución son las armas y los barcos y tienen dinero para ello hace año y medio casi, no se compra todo eso, se adquiere, y se hace la revolución, tranquila y fácilmente. Ah, porque, además, esta gente está convencida de que Batista no pelea, el ejército no pelea, la marina no pelea, la policía no pelea. En fin, nadie pelea. Casi que no se explica uno cómo no van hasta sin armas a desalojar a tanto pendejo. Desde luego, dentro de este grupo, hay sus excepciones y no las menos valiosas. Laurent, por ejemplo, yo estoy seguro que se da cuenta —y ya dijo una vez aquí en mi cuarto que creía necesario que todo el que pudiera regresara a trabajar allá— de la realidad tal como es, sin complejo de superioridad negativo, contraproducente y fatal. Con todo, el problema del dinero ofrece, en relación con este grupo lo siguiente: si las aclaraciones arrojan aún una existencia de posibles, serán intransigentes en cuanto a demandar la precipitación de la insurrección y a proclamarla como único medio. Si las investigaciones pregonan el fracaso ajusticiable de la administración de los fondos, los más decididos, los menos desmoralizados por el batacazo, pregonarán la necesidad de obtenerlo de nuevo. No hay vacilación en el despeje de esta incógnita. Los de esta ecuación, aparte de sus problemas individuales, que indiscutiblemente son serios —como los de muchos que nada tienen que ver con los actos de terrorismo, ni los asaltos y secuestros— la falsedad fundamental de su posición ideológica y la pobreza de su meta, disfrazada de fulgurantes promesas, con algo de esos maromeros de circo que ponen más emoción en los preparativos, en la espectacularidad de los trajes, que en la que realmente tiene luego la maroma, van a la extrema retaguardia de la revolución verdadera, por más que pregonen que van a la vanguardia. Y la retaguardia siempre marcha con la impedimenta. Mas, no debemos olvidar, que la revolución, frente a la reacción, debe considerarse efectivamente como un cuerpo de ejército, en el que por igual hay que cuidar la vanguardia, el centro, y la retaguardia, porque los tres son indispensable para la batalla. Este grupo está particularmente influido, en lo psicológico, por el nombre de los héroes y por un deseo magnífico de emularlos. Particularmente entre los elementos más jóvenes esto es cierto. Ello entraña que hay en ellos cualidades de primera calidad, y nosotros no podemos olvidar que a muchos, que en las luchas del Directorio y el Ala Izquierda pensaban de manera semejante a la que hoy sostienen estos, al cabo los convencimos y a muchos modificamos en sus derroteros ideológicos. Por ello, el contacto con esos elementos siempre es justo, con vistas al aclaramiento de su confusión política. Mas, hoy por hoy, no cabe duda que su actitud será hostil hacia la adopción de una línea hábil, de consecuencias beneficiosas. No obstante, puede ser que machacándoles sobre la realidad, si se ponen con claridad las cartas sobre la mesa, como se dice, será posible hacerles admitir por lo menos una cosa; eso que me decía Laurent aquí hace dos o tres meses: el que regresen a Cuba todos los que puedan regresar al calor de la amnistía cuando esta se conceda, lo que entrañará, desde luego, el reconocimiento de la necesidad de organizar y preparar de manera efectiva, y no de «boquilla», qué es lo que, en definitiva, nos proponemos. La otra ecuación dentro de esta ecuación del sistema, o sea, la de los que tanto en el PRC como en la JC[17] si ven con claridad más o menos decidida y valiente la urgencia y necesidad de aprovechar este

17 Se refiere por sus siglas a la Joven Cuba.

período de unos cuantos meses —al cabo de los cuales bien pueden variar muchas de las ecuaciones fundamentales como ya se ha dicho— su posición puede analizarse así, salvo, claro está, lo que no conocemos. Por lo pronto, particularmente en la JC, si los comprendidos dentro de este grupo son dirigentes, sin duda que su fuerza moral no será mucha ante los que se pronuncian por la insurrección como única salida, ya que siempre, de la dirección, les ha llegado tal consigna. ¿Qué hacer? Bueno, la posición de la JC es tan enredada y difícil que parece un complicado problema de ajedrez que se le pone a un principiante. Y no estoy muy ajeno a pensar que el misterio profundo de su solución es más o menos como el del huevo de Colón, de puro fácil: no tiene solución. Además, ¿cómo cambiar ahora de golpe, cuando se acaba de crear el Consejo Supremo Revolucionario, nacido del Pacto de México, organismo estricta y especialmente insurreccional? Los miembros de fila, no; ni los que, siendo más o menos dirigentes, han atacado la política de la Organización —que por cierto no son pocos ni malos. La posición de estos no es tan difícil. En realidad es clara. Unos, sin pensarlo mucho, se engrosarán al PRC, otros, tal vez los más, serán partidarios de ir a Cuba, si están fuera, y partidarios de luchar allá de nuevo. Estos serán los supervivientes a los que el naufragio no pudo quitarles el gusto de la emoción de mar —la revolución por más que en lo adelante prefieran, al romántico navío de afilado bauprés, con pomposo mascarón terrible en la proa y velas innumerables llenas de aplausos, pero cuya vida depende no de sí mismo, sino de lo exterior, del viento que sople, el tal vez menos bello pero más seguro y capaz de más largas travesías, barco de acero, negro y sin brillo, pero cuya vida va en sus propias entrañas, y va adelante cuando el viento sopla, mejor, y cuando el viento no sopla, menos; y cuando el viento sopla en contra, menos aún, pero siempre va adelante, porque se alimenta de sí mismo y no de nada ajeno, artificial u ocasional—. Toda esta gente habrá aprendido una buena página de la revolución y muchos serán muy buenos. Ahora bien, con respecto al PRC la solución parece más fácil y posible, y a ello ayudará su poco, desde luego, la merma del dinero y la franca aunque cohibida oposición hecha por muchos de los dirigentes al Pacto de México. Por lo pronto, debemos añadir a estas coyunturas favorables el hecho de que, primero la política general del Partido, en muchas ocasiones fundamentales, ha sido la de la participación en las luchas cívicas para llegar al poder por ese camino, y, segundo, que los más destacados dirigentes —Grau— se pronuncian más o menos abiertamente por tal posición siempre que esta sea precedida, como es natural y lo planteamos todos, por una serie de medidas que podemos considerar de garantías y seguridades (amnistía, libertad de prensa, etc.).

Desde luego, el PRC no puede existir sin Grau, sin el Grau de hoy, porque no hay que olvidar que nuestros partidos políticos más o menos —tal vez por profundo conocimiento matemático— obedecen a la mecánica celeste, y todos, como el sistema solar, giran alrededor de un astro, dentro de órbitas más o menos distantes, es decir, más o menos obedientes a su gravedad. Sentado este principio de que el PRC no puede, en las actuales circunstancias, existir sin Grau, no cabe duda de que los esfuerzos se harán en el sentido de atraerlo hacia una u otra órbita. En esta lucha, si se prolonga, y se hace más o menos pública, los tres grupos van a perder —el tercer grupo es Grau—. ¿Cuál será la posición de Grau? Él no es hombre de gran carácter, como sabemos, pero sí es hombre, por lo mismo, controlable por influencias que sean constantes. Y como estas influencias ya han comenzado el trabajo acerca de él, y lo han hecho hablar para el público; y como no dejará de ver la realidad; y como está hasta más que consciente de la importancia de su rol; y como tiene la experiencia personal, directa y emotiva de que solo el calor popular da perfil y relieve a los hombres públicos; y como está en el secreto también de la pobreza y desorganización y posibilidades del aparato insurreccional; y como comienzan a molestarle ciertas pretensiones tomadas alrededor de este aparato; por todo esto, y por razones más sin duda, como la marcha de los hechos le den alguna razón y soporte a sus declaraciones, es casi seguro que mantenga su criterio. Y su criterio decidirá la cuestión. Porque es sabido que en la mecánica celeste, cuando un satélite o planeta se distancia más de lo prudente del astro central radiante, está condenado a vivir en la oscuridad, en una órbita, por lo lejana, inerte, desconocida. Y como este Sol está aún brillante y promete «derroches» de fulgor, será muy difícil que su sistema se le desintegre de modo notable. A menos, desde luego, que, por entrar en lo que se llama en astronomía, un «saco de carbón», por aislarse y entrar en la oscuridad voluntaria, dé ocasión a que otros astros vengan a brillar dentro de su antigua órbita. Aquí, el saco de carbón, es alejarse de la vida popular y quedarse a la espera de una insurrección que él mismo considera ya, por hoy, punto menos que hipotética. La incógnita de Grau, con todo y su indecisión personal, parece sin embargo bastante clara. Si las circunstancias lo ayudan un poco, mantendrá sus declaraciones; será partidario de regresar a Cuba; partidario de participar en las luchas cívicas en fase ascendente. Su nombre, ya dentro de Cuba, ajustado a cierto marco, será aprovechable en alto grado, mientras no precipite demasiado los pasos. Porque esta es otra incógnita de esta ecuación. Los que quieren, dentro de esta ecuación, solo la insurrección, van al poder sin más ni más, sin mayor tramoya. Los que quieren el regreso a Cuba, dentro de este grupo, unos lo quieren para trabajar serenamente por la revolución, siguiendo un camino más o menos leal a sus principios, y otros parecen, por algunos detalles acumulados, dispuestos a tomar atajos. De aquellos otros, de los «insurrectos», unos, desde el poder, anhelarían el desarrollo de la revolución —los que sienten cierto mesianismo heroico—; parece paradójico, mas con ellos, de no ser por las tácticas, nos pondríamos de acuerdo; otros quieren el poder, entre otras cosas, para ametrallarnos a nosotros, porque se dan cuenta de que, llegados a su meta, queremos seguir el viaje. Estos, si fueran capaces de contarse sus íntimos pensamientos, se pondrían de buen acuerdo con el segundo grupo de los que desean el regreso a Cuba. Desde luego, el desarrollo que habría que hacer del sistema de ecuaciones resultantes de tales acuerdos que por medio de los cuales fuéramos a Cuba y comenzáramos a actuar en ella, aparte de ser prematuro e improcedente, por extenso tendría que desecharlo en esta carta, que te quiero terminar ahorita mismo para echártela mañana al irme al trabajo. Una pregunta: ¿afectará el prestigio de Grau el problema del dinero? Es claro que, en su día, la reacción política esgrimirá aviesamente la «anécdota». Mas no creo que le perjudique mucho. Ese problema del dinero solo tiene tres soluciones: obtener más dinero; fusilar a los culpables, o dejarlos cagados ante el crédito popular. Y siempre habrá manera de reducir los culpables al mínimum. Y si no, ya lo verás. Todo esto, por supuesto, dentro del orden personal, que en el colectivo la pesadumbre es grande sin duda. Hay en todo esto, algunas contradicciones que debo tratar de despejar. ¿El Pacto de México y sus organismos no son contradictorios con la nueva línea, si esta se sigue? ¿El

Pacto de México, para estos dos grupos, PRC y JC, no es una trinchera frente a ese otro grupo ya formado en La Habana y tomando vida y fuerza? Vamos a tratar de despejar estas incógnitas. Por lo pronto, debemos admitir, por la misma naturaleza, informe en su base social mezclada y en su ideología vacilante, que es más probable que la nueva línea que siga el PRC será la resultante, la aligación de una serie de concesiones surgidas de la combustión de los dos criterios principales discutidos: es decir, que consistirá en ir y no ir, en ser y no ser, en presionar y aflojar. Les parecerá esto hallazgo maravilloso y hasta lo «descubrirán», sin pensar que los de la otra ecuación, pero con absoluta claridad y conciencia del aprovechamiento dialéctico, es lo que tienen decidido hacer. La diferencia estribará en que para estos es una cosa profunda y de sentido, y para ellos, de superficie y de flote. En nosotros, será nadar, en estos dejarse llevar por la corriente. Traducido en la realidad, esto representa un frente de complacencia a todo; es decir, un intento de tal cosa. Por ello, se accederá a que mucha gente se quede, con el pensamiento secreto de que ya tendrá que ir. Y al admitirse que hay quien se tiene que quedar «para lo de la insurrección», entonces es que surge el Pacto de México, y sus organismos como trinchera frente al bloque de La Habana —le llamo bloque, porque me imagino que así le habrán puesto— ya que, servirá para recordar que las expediciones vendrán de fuera y que habrá que levantarse cuando ellas lleguen; ellas, las que lo dirigirán todo. Y, para ello, tan pronto como las personalidades lleguen a La Habana, se intentará —y el éxito de esto dependerá, estará en razón inversa del tiempo que tarden en tomar la determinación de ir para allá— se intentará, repito, romper ese Bloque y atraer al seno del Pacto de México, a los «hijos pródigos», que han desviado sus pasos del trillo pontificial. Y, de encontrarse sólido todo este aparato, se tratará entonces un nuevo Pacto, quedando siempre pendiente el problema del de México, cuya vida, también, en gran parte, depende de la que pueda mantener la JC. Porque, con un enfermo grave un negocio no es bueno, como no sea para «aprovecharlo». Y con un muerto, solo para heredarlo. Y la JC para supervivir, tendrá que saltar por encima de su historia insurreccional, sus contradicciones, sus problemas y sus desorganizaciones, y venir a Cuba a competir con enemigos —en el sentido organizativo— que están en mejores condiciones y que no es difícil que la desplacen a posiciones secundarias. Porque la JC sin Guiteras, sin insurrección y sin dinero es bien poca cosa. Sobre todo si en Cuba hay ya un bloque ligado al movimiento popular, por un lado, y por otro Grau, con posibilidades triunfales, más o menos revolucionarias, y más o menos próximas. ¿Hasta dónde el talento de Aureliano[18] podrá poner a flote ese derelicto que se llama la JC? Me da la impresión de que Yeyo ha trabajado en JC más que nunca en su vida. Su responsabilidad y preeminencia han sido mayores también, mas con todo, pienso que son sobrehumanas las tareas a realizar ahí y que, al fin, convencido de que no hay rumbo posible, como haya otro barco que siga la ruta que él quería darle a aquella, saltará a este. Y no hay duda que su experiencia en este año, con ser vieja y madura, habrá ganado mucho en penetración y conocimiento. De todas maneras ¿no lucen el Pacto de México y el Consejo Supremo Revolucionario como postulados casi? Para nosotros, todo lo más, son teoremas, más para otros llegan a la categoría de axiomas. Dejémoslos, pues, en postulados. En este sentido, son trincheras de todo este grupo de ecuaciones; trincheras, como sabemos, construidas deprisa, a la carrera,

18 Aureliano Sánchez Arango.

de noche, como para defenderse a la desesperada y dar tiempo a preparar la retirada. Porque aunque el Pacto tiene todo su tono «a la ofensiva», nosotros sabemos que es una retirada; una retirada al *Frente Único*. Y esas trincheras tratarán de defenderlas y solidificarlas. Mas, si a Miguel Mariano, un poco lo ayudan los hechos —y él ayudará a los hechos, desde luego— bien puede ser que un día se encuentre con que esas trincheras son como las que guardan destacamentos olvidados, frente a los cuales una vez hubo enemigos, mas ya no quedan, porque el combate se da en otro sector. ¿Que la pelea puede volver a reproducirse aquí? Claro, y entonces harán falta nuevas trincheras, pero lo que es como estas, de frágiles, artificiales, lo mismo que estas se hicieron en una noche, otras se pueden hacer. Es más, habrá que irlas haciendo mejores, con mayor experiencia, a la primera oportunidad. De todos modos, entre el Pacto de México y el Bloque de La Habana, nosotros, siempre con vistas a fundirlos para el logro de la etapa inmediata, debemos estar, por tener más claro concepto de la realidad, al lado de este; precisamente porque pensamos que solo por el camino que él traza, podremos llegar a la necesidad imperiosa de crear organismos como los que crea fuera de tiempo, por lo menos desproporcionados con la realidad, el Pacto de México. En cuanto a su categoría y altura, no hay duda que el Consejo Supremo Revolucionario, en sus integrantes, está un poco demasiado cerca del nivel general. Esto, en momentos polémicos, difíciles, como este, no es una de sus mayores virtudes sin duda. Tal vez debía haber ahí otros nombres. En este juicio, sin duda, hay algo personal; casi todos los que lo forman son compañeros nuestros, más o menos, y un poco pretenciosamente, los consideramos iguales, y, al ponernos nosotros mismos en relación a la masa, como no nos vemos tan distanciados, creemos que ellos tampoco lo han de estar. Sin embargo, ya hoy somos distintos, sin duda, porque el puesto aumenta la estatura del hombre, que por algo a los reyes los sentaban más altos. Mas, con todo, me sigue pareciendo que hay ahí dos o tres nombres que no dan la talla para la categoría del organismo. Y esto tiene importancia, no solo con vistas al pueblo, sino al seno mismo de la Organización, de las Organizaciones, mejor dicho, que agitadas por luchas internas, necesitarían mayores personalidades, con más posibilidad de estabilidad allá arriba, ya que los representativos ante el Consejo Supremo Revolucionario, sin una sólida base en sus respectivas organizaciones tendrán que sentirse un poco juguetes de las circunstancias y las luchas de ellas, y no dirigentes de sus planes políticos, sujetos al vaivén de tantas contradicciones.

Me siento un poco cansado y, sobre todo, me ha entrado el miedo de cansarte a ti, aunque eres infatigable lector. Además, este grupo es como una enorme tela de araña, rota por varios lugares y que ha quedado desajustada y por ello es difícil recomponer su estructura; o, mejor aún, como un problema de laberinto, tan enredado, que ofrece a un tiempo muchas salidas falsas. Además, su estructura es tan de superficie, que de todos es el más factible a ser juguete de las circunstancias. Y las circunstancias son ecuaciones sin plantear. En resumen, en función del primer grupo de ecuaciones de este sistema de la revolución, como lo llamé, es decir, en función del grupo revolucionario con proyección hacia el socialismo, con diversas metas, este otro grupo debe considerarse como un signo positivo, más con la inseguridad con que una fosforera mecánica enciende o no, y unas veces nos hace quedar bien y otras mal, en función de las ecuaciones del segundo sistema, al que llamé de las contradicciones de la política criolla, más o menos, con relación a la ecuación del movimiento popular será positivo ante el incremento de este y negativo si la resultante de otras ecuaciones precipitan su ataque y lo debilitan antes de lograr algún desarrollo; frente a Batista, negativo, porque es el obstáculo superficial evidente: el traidor; frente a Miguel Mariano, más-menos, en la medida que este vaya permitiendo el desarrollo de una legalidad con posibilidades electorales. En cuanto a su función con respecto al primer sistema, el del imperialismo yanqui, siempre más-menos, según el desarrollo exterior del curso que tome y de los puntos de arraigue que ofrezca. Siempre, en general, este grupo estará en lo que vengo llamando función exterior, es decir, superficial, sin raíz. Porque no tiene demasiado interés en penetrar; porque el que penetra tarda. Y este grupo tiene cierta prisa.

Ahora, algebraicamente, lo que procede es poner en relación los signos resultantes para las incógnitas de cada sistema. Tengo ganas de dejarte el trabajo. Ya sabes, utilizando algo así parecido a lo que los malos críticos de cine hacen, podemos darle dos estrellas negativas al imperialismo y una —por un período— de doble signo (más-menos). Es decir, casi totalmente negativo. Al sistema segundo, de la política criolla, podemos darle dos estrellas positivas (una de ellas durante cierto tiempo nada más) y otra de rotundo no. Y para el tercer sistema, el de la revolución, podemos, con todo, darle dos estrellas positivas y una con un signo (más-menos) teniendo en cuenta nuestro sentido de proyección al futuro. Ahora tú traduce esta formulación algebraica y ahórrame la exposición.

Sin duda, reconocerás que tiene evidente bondad el método matemático. Si en algunas conclusiones, no soy original ni nuevo, como sean buenas esas aclaraciones, ello es una demostración más de que es magnífico el sistema; si resulta muy largo y complicado, cuando menos no lo es tanto como el involucro de la política nuestra; si las soluciones no son correctas, ello solo quiere decir que habré planteado mal las ecuaciones o que habré deducido mal las incógnitas y sus signos, o que habré olvidado cantidades, mas no que el procedimiento sea falso. Por último, como no estoy con ustedes y tengo obligación de exponer mi criterio, aquí queda más o menos. Y, además, esta carta tiene un mérito extraordinario: el de que no habrá policía, ni probablemente revolucionario, que sea capaz de leerla. Tiene demasiada extensión para ellos y esto representa mucho tiempo de lectura. Te la termino, ahora, en la madrugada del lunes y cuando salga mañana para el trabajo te la echaré. Tengo otras cosas que decirte, pero lo dejo para otro día. Vengan noticias de Ada, del libro y de la revolución. Teté dice que estoy loco. Pero yo sé que cada día estoy más cuerdo. Y hasta la próxima.

Ah, caramba, se me olvidaba tratarte del cuarto sistema de que te hablé al principio: el de las ecuaciones de la política internacional. Bien, lo dejo a pesar de su importancia. Además, ahora tranquilizado aparentemente Mussolini, y con las izquierdas triunfantes en varias partes, la lucha, aunque cuando estalle será más terrible, de todos modos será más lejana. Con todo, esta carta, por su extensión debe ser una de las más largas que se han escrito en el mundo. Pertenece a la época de Hernando del Pulgar. Y quiero repetirte que es necesario darle crédito a la bondad del sistema de planteamiento algebraico. No importa que me haya equivocado en todo. Yo no trato de predecir, sino de plantear, de relacionar, de darle algún sentido cabal a todo eso de la «correlación de las fuerzas». Y no me negarás que hay poesía, intuición (los factores muchas veces hay que resolverlos por intuición en álgebra), imaginación, especulación en el método, y, desde luego, ciencia, seguridad en los pasos. Bien, como sabía que esta iba a ser una «carta algebraica», saqué copia para Ramiro.[19] Óyeme, en lo de Smith nos ha detenido la consideración de lo que pueda repercutir en Cuba, y, particularmente, en nosotros, que nos pueda impedir ir allá por algún tiempo. ¿Qué piensan ustedes de esto? No le des cuenta de esto a otra gente, por supuesto. Bien, me voy. Mándame la carta de Luis.[20]

PABLO

Dime si recibiste el Informe que te mandé hace varios días.

19 Ramiro Valdés Daussá. Miembro del Directorio Estudiantil de 1930 y de Izquierda Revolucionaria.

20 Seudónimo de Ramiro Valdés Daussá.

Diario de Pablo de la Torriente Brau[21]

19-2-35

Ayer pensé que sería muy práctico el que fuera escribiendo una especie de diario de la revolución, con las cosas que no salen en los periódicos, con las cosas que pasan, que se conocen solo por los grupos de acción y de conspiración. Estoy seguro que algún día esto será interesante y servirá, de modo notable, para desentrañar en el futuro la clave de los sucesos actuales, muchas veces demasiado caprichosos o raros en apariencia.

Ayer, por ejemplo, la asamblea universitaria,[22] irritada por el desprecio sistemático que ha venido haciendo el gobierno ante el planteamiento de los problemas estudiantiles, se mostró totalmente partidaria de la revolución, de salir a la calle a pelear, a combatir, no solo a morir, sino a matar también. Había tres máquinas equipadas con gente de valor y armadas de ametralladoras dispuestas a emboscar a la policía cuando viniera a disolver a la manifestación.

Pero, para planear mejor la emboscada, para obtener algún día siquiera la revancha con la policía, se desistió de eso, hábilmente. Es probable que dentro de unos días se salga a la calle y entonces caerán estudiantes y policías.

21 *Pensamiento Crítico*, La Habana, No. 39, abril de 1970, págs. 308-321.

22 Artículo del autor en el periódico *Ahora*. Véase «La Asamblea Universitaria aprobó entre aplausos un memorandum revolucionario», en Pablo de la Torriente Brau, *¡Arriba muchachos!*, La Habana, Ediciones La Memoria, Centro Cultural Pablo de la Torriente Brau, 2001.

A la salida de la asamblea, Casimiro[23] cogió por la solapa a Pedro Palma y le dijo que se fuera porque tenían noticias de que él era confidente y miembro del servicio secreto de Batista. Él se defendió de la acusación y entonces, en una máquina, se le llevó al Stadium, para que aclarase ante Rodolfo[24] y otros cuantos lo que había de cierto. Ofreció firmar una carta en la que expresaba que se suicidaba con un revólver 38, para que la utilizaran el día que lo mataran, de comprobarse que él era confidente. La Universidad mostró su deseo de salir a la calle porque ya no puede tolerar por más tiempo el desprecio que se le hace. Los partidos políticos de oposición que hoy controlan la mayoría combativa de la Universidad saben perfectamente que la pueden sacar a la calle para provocar una violentísima situación de fuerza, esto es, el estallido de la revolución. Pero parece que vacilan ante la gravedad del problema, porque una vez que surja el choque entre estudiantes y policías habrá que lanzarse a la revolución so pena de que les suceda como a Mendieta y Menocal en tiempos de la muerte de Trejo.

Marzo 12-35

Hace varios días que no he tenido tiempo de escribir una sola nota. El ambiente está cargado de inquietud, a la puerta de sucesos extraordinarios e incontenibles. Un terror feroz, como nunca se había visto en Cuba, ha sido la respuesta del Gobierno al movimiento de huelga revolucionario. Armando Feito,[25] aquel simpático «Gordo Feito», que estuvo constantemente preso durante el Machadato; que no era otra cosa

23 Casimiro Menéndez.

24 Rodolfo de Armas Soto.

25 Armando Feíto Insua. Estudiante, responsable de la Comisión Estudiantil de la Joven Cuba.

que lo que le indicara Rubén León, fue asesinado de la manera más asquerosa, arrancándolo de su casa, en unión de su suegro, delante de sus mujeres respectivas. Feito tenía un niño de solo tres meses. Enrique Fernández,[26] el mejor cerebro de los auténticos también ha sido asesinado. Ocho hombres han aparecido muertos por los repartos. Otro ha muerto en Emergencia. Otro en Regla. Se dice que ascienden a más de treinta los asesinados. Creo que hay exageración, no obstante. Pero resulta un peligro casi mortal salir a la calle. En ella no hay casi nadie. Muchachos que juegan y soldados, policías, marinos y porristas. Nos mantenemos en una incomunicación lamentable. Estoy, redactando diariamente notas para que sean trasmitidas a fin de contrarrestar las noticias del *Diario de la Marina* y de los informes militares. Ahora, por medio de Alberto[27] estoy tratando de establecer contacto con Sergio para ver si podemos lanzar noticias al aire por otro conducto. Carlos Rafael[28] no ha ido a buscar las noticias escritas conforme habíamos quedado y esto me tiene violento y nervioso.

Teté, por su parte, se ha cogido todo el terror y la persecución y su sola presencia me tiene irritado, con ganas de salir para la calle a hacer cualquier imbecibilidad. La A.P. da en los periódicos de los Estados Unidos doscientos muertos para toda Cuba en los últimos días. El Gobierno anuncia que está todo normalizado, pero hoy mismo se han ido a la huelga los panaderos y no hay pan, ni carbón, ni leche, ni carne... Hay decretos ya legalizando el fusilamiento. No me explico cómo no se verifican ataques aislados a puestos del Ejército cercanos a La Habana o a las capitales de provincia,

26 Subsecretario de Gobernación durante el Gobierno de Grau-Guiteras.

27 Alberto Saumell Soto.

28 Carlos Rafael Rodríguez.

para acopiar armas. Tanto los auténticos como los guiteristas están pifiando lamentablemente. Hoy estoy tratando de localizar a Ramiro[29] si ha llegado, para trabajar junto con él en lo que sea necesario. Luego pondré algo más.

13-3-35

Hoy se puede considerar perdida la huelga. Ayer fue un día decisivo y terrible. Daba desesperación el constatar la absoluta desconexión de todos los elementos de la lucha. Por el mediodía, por fin, vinieron a buscar las noticias para transmitirlas por radio. Hice gestiones por medio de Teté para establecer contacto con Ramiro, si había llegado, y con Cuto. Ramiro no llega hasta mañana, según parece. Teté se encontró con que era falso el que se intentara nada organizado y efectivo para por la noche. Ni Casimiro, ni Guillermo,[30] ni Alberto, sabían de nada organizado. Estaban también desesperados y, solos, dispuestos a defender la vida a la desesperada. La responsabilidad del fracaso enorme corresponde a abecedarios, auténticos y guiteristas, facciones organizadas, que iban a la lucha por el poder.

Pocas horas de tal intensidad emotiva como las de ayer. Envié a Teté que me buscara un contacto para salir por la noche a balacearnos, a morir acaso. Cuando se fue me pareció que podía ser la última vez que la viera. Y quise estar cariñoso con ella ya que le había peleado tanto por su exceso de precaución. El Gobierno, siempre servido por un sistema de espionaje perfecto, recogió los rumores de que por la noche se esperaba un ataque desesperado, dictó un bando prohibiendo, bajo pena de la vida, el tránsito de peatones y

29 Ramiro Valdés Daussá
30 Guillermo Ara.

vehículos después de las nueve de la noche. Eso hizo imposible el reunir gente. A las nueve en punto comenzaron los tiroteos que no cesaron en casi toda la noche, disparándoseles inútilmente desde las azoteas, con revólvers y pistolas a lo que contestaban los marinos, policías y soldados con fuego de springfields y ametralladoras...

Hoy, el desaliento iniciado ayer, se muestra más claro. Ya se han ido para Miami muchos. Comienzan a funcionar normalmente los tranvías. Se habla, incluso, de sacar otra vez los periódicos. El gobierno amenaza con incautarse las imprentas. Batista ha demostrado tener una organización y saber manejarla con habilidad y decisión. No se han parado en ningún acto de terror. Asesinaron a Feito, con lo que arrostraban el odio estudiantil, y asesinaron a Enrique Fernández, con lo que demostraron importarles poco los auténticos, el más fuerte partido de oposición. Ahora, ¿qué queda? Los militares, engreídos por una nueva y resonante victoria, aumentarán —si es posible— su insolencia y su poder. El pueblo vivirá humillado. Los cabos y sargentos son ya alcaldes. Un cabo podrá ser rector de la Universidad. El salvajismo imperará y esto será, más que nunca, la colonia sometida por el terror a la explotación más canallesca de los yanquis. Porque esto es lo que hay en el fondo de este triunfo de Batista. No hay más que apoyo del maricón y corrompido Caffery, consciente de que se preparaba, por encima de las aspiraciones de los grupos políticos, un movimiento popular que no podía sino ir a recalar en una lucha abierta y decidida contra el imperialismo yanqui. En esta sangrienta escaramuza, el Mulo de Batista, Mendieta, que suprimió la pena de muerte para no tener que fusilar a los machadistas, se ha encharcado de sangre y hasta ha autorizado a la constitución de tribunales militares, que llegarán, si es preciso, a los fusilamientos en masa.

Mientras tanto, dicen que Guiteras, que en lo absoluto ha dado muestras de su famosa acometida, ha asumido tal actitud porque está preparando su revolución... ¿Qué capacidad de organización ha demostrado esta gente?... Ninguna. Ha habido momentos en que si cuarenta o cincuenta automóviles se hubieran lanzado a la calle a combatir, todo hubiera tomado un cariz distinto. Ahora se verá bien claro la importancia de mi sugestión inicial, cuando propuse, al iniciarse las asambleas universitarias de protesta, una emboscada bien hecha a la policía y al ejército y el exterminio de un buen golpe de ellos para, inmediatamente, iniciar con un golpe de audacia la revolución... Pero esta gente parece que espera organizar, batallones, compañías, regimientos, cuerpos de ingenieros, aviación, etc., etc., para equipararse algún día con el ejército de Batista, cada día con mayor fuerza moral por las sucesivas victorias; cada día mejor equipado; cada día más poderoso y con mayor apoyo de los yanquis. Ahora, volverán los atentados terroristas. Y, tal vez, una larga lucha de preparación, a base de mártires, de hombres asesinados. Y veremos a ver quiénes caen y quiénes pueden supervivir a todo esto.

20-3-35

En New York otra vez después de año y medio. En esta ocasión la fuga ha sido más terrible y más desesperada. Todo parece indicar que habrá un aplastamiento de la lucha por el terror. Las bestias que se quedan allá dominando son capaces de llegar hasta donde sea preciso. Eso nos enseñará a nosotros para que en nuestro día no tengamos piedad. La guerra del exterminio se avecina. Hasta esto, que parece tan natural al iniciar cualquier campaña, es necesario aprenderlo. Ya lo creo que nosotros hemos aprendido y que será difícil que olvidemos. Bien, salí hace como una semana de Cuba, embarcado por el Ministro del Uruguay. Por cierto que por un descuido u olvido me aparecí en el Hotel cuando él no estaba y tuve que salir a toda velocidad de allí. Si llego a tener la mala suerte de encontrar algún policía me desgracio. El viaje en avión fue como otro cualquiera. En Miami, impertinencias de la Inmigración y, al día siguiente, juicio o cosa por el estilo. Fue Medina, el antiguo Judicial de Fors que se encargó de notificarle a Rubén Martínez Villena la orden de asesinato que había contra él y que ahora, ciudadano americano ya, es una autoridad en cuestiones de inmigración en la Florida quien nos solucionó amablemente el desembarco. Este hombre ahora está fino. Creo que siempre lo fue. Pero se le acusa del asesinato de Esteban Brooks[31] y lo de Rubén me consta. Bien, después de dormir en la misma cama que Alfredo Nogueira —*Frente Único* de comunistas y apristas— para burlar al hotel y ahorrarnos unos pesos ya que nos habían robado otros al tenernos un día entero en el Lemington, salimos Seijas[32] y yo para New York, viaje interminable en el bus, con varios cambios y un paisaje sin importancia, feo, frío, seco. Por Pennsylvania el paisaje se compone y se ven especies interesantes de las coníferas. Anoche llegamos después de pasar por un puente interminable en Newark, que me imagino sea un elevado sobre la línea de muelles. Entramos por el Holland Tunnel, verdaderamente asombrosa obra de ingeniería. Nos recibió con afecto un grupo de muchachos de la otra vez, los Jiménez, el viejo Jiménez, Saumell, que fue

31 Muerto en Puerto Tarafa, en 1925.
32 Ismael Seijas.

una alegría encontrármelo todavía aquí y que el pobre ha estado esperando ardientemente la oportunidad de volver para Cuba si sucedía algo. Dormí con el Chino en un hotel que se llama creo Calle 44 o cosa por el estilo. Pero ya traje mis maletas para el cuarto de Saumell y de aquí, por un buen ofrecimiento, las he llevado para la casa de Jiménez. He usado ya abrigo por primera vez y he estado por los lugares en donde trabajé antes y en donde viví con Teté. A ella le alegrará saber esto. La pobre, ¡tan lejos que está!... Yo creo que ella podrá venir algún día. Fui con Saumell al International Labor Defense y creo que mañana debo hablar en un miting y, además, se piensa que haga yo una excursión por varias universidades para dar a conocer el panorama de Cuba.

Sería una espléndida oportunidad de propaganda y, a la vez, de conocer varios lugares de este país, áspero e interesante.

26-3-35

He tenido el tiempo tan ocupado que ni una línea he podido poner aquí por más que son interesantísimas las cosas que tengo que poner. A mi llegada a New York, me encontré con que Pedrito y sus compañeros habían logrado sustraerle al secretario de Ferrara,[33] Herminio Fuentes, copias de algunas cartas interesantísimas. Por circunstancias desdichadas dejaron de cogerles las mejores. Un paquete en donde había cartas autógrafas de Machado, Batista, Vasconcelos, Carlos Manuel de la Cruz, Felo Guas y otros. Ha sido una pifia enorme el no haber cogido todo esto, pero, lo mejor que se puede hacer es reparar el mal. Al efecto, hemos planeado entrar en el Departamento de Ferrara en el Ritz Carlton y

33 Orestes Ferrara.

robarle los documentos que tenga. Lógicamente, el secretario de Ferrara no ha debido decirle a este que tenía con él copias de cartas tan interesantes —lo que hacía de vivo, para asegurar algún chantaje de altura en el futuro—. Por lo tanto, el italiano debe estar relativamente desprevenido. Antes de ayer llegamos Pedrito y yo y otro muchacho, sobrino de Cleto Collado hasta la misma puerta del departamento y estudiamos las salidas y las puertas. Habrá ahora que chequear a Ferrara. Calculamos ya el tiempo que puede tardar hasta el University Club, donde come. Con diez minutos dentro del departamento nos basta. Ahora estamos haciendo contacto con la Unión de Empleados de Hoteles para ver si alguien nos facilita una llave. Además, tenemos que meter a alguien de confianza a vivir en el Hotel —que es de todo lujo— para pasarle los papeles. Pero ya tenemos el que haga esto. Hoy Pedrito examinó la oficina de Ruiz Mesa y Moraga y parece que no hay nada allí. Bueno, más tarde añadiré algo.

Junio 12-35

Parece que desde abril no he escrito nada aquí. Sin embargo, bien ha habido motivos. Vino Teté. Mataron a Guiteras y a Aponte. Fusilaron a Terry y a Costiello. Pensamos que fusilarían a los prisioneros del combate de El Morrillo. Apedrearon a la Banda del «Patria», en el San José.

He estado enfermo, en cama, con una gripe violentísima que me atacó en plena calle y que quiso convertirse en sinusitis. Muchas cosas ha habido para conservar con el recuerdo fresco, alegre o dramático de los días, pero no he tenido tiempo. Parece mentira. Aunque no he conseguido trabajo ninguno, no he hecho más que trabajar. En el orden personal, pues he terminado el libro sobre el Presidio Modelo que ayer mismo salió para México y acaso José Antonio Fernández de Castro pueda conseguir que se publique. Creo que será un éxito. Aunque ya me he hecho la idea de que los éxitos hay que hacerlos como las pirámides y no como el Empire, por lo que no me preocupa demasiado el no alcanzarlo sino a los cincuenta años o más. En este caso lo siento, porque quisiera la expansión del libro por la denuncia de tales horrores como describe. Por otro lado, he escrito numerosos artículos, unos en español y otros para ser traducidos al inglés por Arhan Pérez, a fin de lograr su publicación en las revistas llamadas liberales. Hasta ahora la prueba nos ha fallado. Uno sobre Batista ha sido devuelto por *The Nation*, alegando Angoff que no contenía nada nuevo. Sin embargo, lo que decía era nuevo aún en Cuba. Ayer dejamos otro en *The New Republic*: «Yesterday heroes; today bandits», que espero que tampoco publiquen.

La Prensa me rechazó uno sobre «Carlos Aponte». Cualquiera diría que no doy la talla; y, sin embargo, yo sé que la doy. Es cuestión de suerte, de oportunidad, de ocasión. Alguna vez se presentará. Y, cuando menos, he hecho todo el esfuerzo a mi alcance para tratar de dar a conocer a la opinión pública americana, engañada por una campaña de prensa favorable a la canalla al servicio del maricón de Caffery, la realidad de Cuba, también hemos realizado el mejor esfuerzo por salvarle la vida a los prisioneros de El Morrillo y pienso que algún éxito hemos logrado en este sentido, porque obtuvimos el envío de cables a Mendieta de muchas de las revistas y organizaciones que lo apoyaron antes en su «revolución» contra Machado.

Asimismo, parece que algo logramos también para desvirtuar esa campaña de llamar bandidos a los revolucionarios, a los que ayer eran héroes. Ahora, con la revista que piensa sacar Guillermo[34] en Tampa, alguna oportunidad habrá de colaboración. Acaso nosotros consigamos sacar otra aquí. La noticia de la muerte de Guiteras fue inolvidable y más aún la de Aponte. Yo estaba enfermo todavía, pero ya me levantaba por la casa. Tocaron a la puerta los muchachos y me dijeron de pronto: «Mataron a Guiteras y a otro más, desconocido...» Luego salieron a buscar periódicos, y, a las once o las doce de la noche, tocaron a la puerta, y al abrir, me dijeron: Mataron a Aponte... En la evocación, principalmente de este, tan maravilloso hombre; y de lo que representaba la muerte de Guiteras para las posibilidades revolucionarias en estos momentos, se nos hizo tarde. No pude dormir esa noche. Después, a cada rato me da insomnio el recuerdo de Aponte. Y, sin embargo, la noticia de su muerte, de cómo murió, me dio cierto gusto de orgullo propio; murió como quería morir. Me acuerdo que siempre me decía en su idioma personal «Compadre, despreocúpese, que usted y yo morimos enzapatados...» Luego supe, por Ramiro, que, efectivamente, había muerto peleando como un león. Ahora me preocupa el que no aparecen en casa los papeles que tenía de todos sus relatos; porque siento la necesidad de cumplirle el compromiso de escribir su vida; sus campañas en Nicaragua; su convivencia con Sandino... Su vida fue una brújula hacia el Norte siempre; hacia el norte del imperialismo americano. Para mí es un símbolo grande, digno de la epopeya. ¡Si tuviera yo grandeza suficiente para lograrla! He ido a ver a su madre y trataré de conseguir datos sobre sus campañas en Venezuela. Hoy me llegó carta de Saumell y me dice que lo dejaron cesante y que vendrá para acá. Esto complica «nuestra existencia», porque vivimos aquí con Daniel, en un apar-

34 Guillermo Martínez Márquez.

tamento pequeño, pero al venir Alberto y Gladys[35] habrá que dejarles el puesto, como es natural, y la vida se nos hará más difícil y cara. Pero, bueno, ya veremos si se soluciona el aspecto económico. A lo mejor el «genuino» conde francés que he conocido, aprueba mi traducción de anatomía a pesar de que le suprimí las nalgas en la descripción de la región glútea.

¿Será rumbero este conde? Si consigo este trabajo por diez semanas, me ganaré 200 pesos y, de paso, aprenderé mucho inglés. Teté piensa ir en agosto a La Habana para contentar a los viejos. Allí se nos murieron dos perros en el mismo día: El Satico, inolvidable de cariñoso e inteligente, y Tisbis, tan noble, fino y valiente. Pienso con pena que algún día pueda volver por allá y saber que no han de salir al camino a recibirme, tan cariñosos y fieles. Acaso yo humanizo los animales, los árboles y las cosas. Pero no lo puedo evitar. Es enfermedad desde la infancia en mí. Cuando de niño lo dejan a uno pensar solo, se acostumbra a dialogar con los animales, las plantas y las piedras y todo el mundo se llena de alma. Es bello, pero se sufre más. Bueno, noto que me gusta escribir estas cosas. Hablo conmigo, con una confianza que solo tengo con Teté. Yo tengo dos amigos íntimos: Teté y yo. Bueno, otro rato escribiré. Hoy he trabajado mucho escribiendo varias cartas. El sábado voy a Princeton a presenciar la carrera del siglo. Y escribiré una crónica que bien me pagará el viaje, supongo yo.

25-6-35

Sí, creo que hoy es 25, más o menos. No importa mucho. Estoy pasando por una crisis de inercia que es necesario romper. Tengo la cabeza llena de proyectos, pero ni siquiera los

35 Gladys López.

comienzo. Y es necesario romper esto. Ayer pasé un mal disgusto que todavía me dura y que me durará cada vez que recuerde a Carlos Aponte: los papeles en que tenía todos sus relatos de la guerra en Nicaragua parecen definitivamente perdidos. Esto para mí es irreparable. Esos papeles tenían el material para el libro que iba a escribir sobre Aponte y que, con un instinto certero, había ido aplazando, precisamente en espera de su muerte que adivinaba ocurriría pronto y bajo caracteres épicos. Así sucedió. Y ahora, cuando un sentimiento del deber y casi de entusiasmo por su muerte heroica me impulsaba a comenzar el trabajo resulta que no aparecen los papeles.

Ayer me llegó todo lo que se ha encontrado, su rústico croquis de la emboscada de Las Cruces y una página más. Traté en el *subway* de ir reconstruyendo los relatos y me acuerdo del hilo de ellos y de muchos detalles, pero no se puede comparar esto a la frescura y originalidad de su idioma internacional. Luego por la Quinta Avenida, completé el plan de lo que quería hacer; un primer libro sobre su vida en Nicaragua, saliendo él de Cuba, con los primeros capítulos sobre la huelga de hambre de Mella y sus incidentes en La Habana; y un segundo libro sobre la revolución en Cuba. Creo que ya se ha escrito el libro y hasta los libros de denuncia de la explotación de Hispanoamérica; pero falta por hacer el libro de lucha contra él. Solo de Cuba y de Nicaragua pueden salir esos libros. Y yo tengo los elementos para hacer los dos. Si el libro de Presidio me diese unos pesos no vacilaría en irme a Honduras para penetrar a Las Segovias y recorrer los lugares de la gesta sandinista donde todavía hay alzados. Y esta inercia que tengo debo romperla para comenzar a trabajar, aunque solo sea para guardar las cosas por ahora.

Veremos si cuando vaya Teté a Cuba me encuentra esos papeles cuyo hallazgo sería la mayor alegría para mí. La madre de Aponte está aquí y ella podrá darme detalles de su infancia, tan turbulenta como su juventud. Y lo grandioso de él es su instinto de lucha contra el norte; fue el símbolo del hombre brújula frente al imperialismo. Cuando leo *La Vorágine*, que Daniel tiene aquí, pienso que yo puedo intentar el esfuerzo de producir esos libros. Ese libro es tan bello que lo impulsa a uno a crear. Por lo tanto, debo acabar el informe sobre las cartas de Ferrara en esta misma semana si es posible, a fin de que la patraña de las elecciones tenga su denuncia y su desenmascaramiento con anticipación. Sigo sin trabajo y esto es lo que me tiene humillado el espíritu y el ánimo. El negocio de la traducción no ha cuajado y hoy por la tarde veré a otro individuo a ver si consigue algo. Pero nada aparece. Teté y yo fuimos a Princeton a presenciar las carreras y pasamos con Diviñó dos días admirables. Aquello es hermoso y tranquilo. Allí está Einstein ¡y me imagino que se encontrará tan bien en medio de tanto silencio y de tanto árbol enorme! Todavía no he terminado la crónica sobre la carrera, pero bien pocas ganas tengo de hacerla, pues todavía no he cobrado la primera que hice para *Bohemia* y la segunda no se ha publicado. Sin embargo, la terminaré y la mandaré, como última prueba. Podría hacer bien una crónica semanal interesante, pero, ¿qué hago con hacerla, si no la van a pagar y a lo mejor ni la publican? Ahora me acuerdo que se me quedó en Princeton el chaleco y tengo que mandarlo a buscar.

30-6-35

Ayer fue mi «santo» y la gente vino aquí y se hizo una comilata de arroz blanco, huevos fritos y picadillo, que cocinó Agustina y que quedó fenomenal. Pero no se hacen aquí más comidas de ninguna manera porque resultan unos huevones estos compañeros que prometen poner su parte y luego se van tan tranquilamente, como si la peseta no fuese una unidad casi astronómica para nosotros y sin disponerse a ayudar luego a lavar y limpiarlo todo. ¡Al «automático», cabrones que aquí no comemos más que yo y Teté, y de cantina!... Bien, pero estoy contento. Aparecieron los papeles de Aponte y ello me dio tal alegría que fue lo suficiente para que rompiera mi inercia y me pusiera a trabajar con ardor. Ya estoy trabajando intensamente en lo de Ferrara y estoy casi seguro de dejar todo listo la entrante semana. Las pendejadas de los paseos y las distracciones me vienen a joder a cada rato el ritmo, pero no queda más remedio. Además el cuerpo clama por esas cosas. Todos estamos más o menos neurasténicos por la idea fija de la revolución y por la angustia económica con toda su corte de complejos, recelos, etc., etc. Mañana creo que iremos con Daniel a una playa, pero, para ganar las horas que perdamos allá, pues he trabajado esta noche hasta tarde y tengo la promesa de que vendremos lo más temprano posible. Ahora Raúl[36] me dice que piensa hacer el libro de Guiteras, como voy a hacer yo el de Aponte, en forma de novela. Me parece muy buena la idea. Solo que me luce muy cerca la perspectiva. No pasa esto con Aponte, luchador de muchos años y de una riqueza legendaria que equivale a siglos. Pero acaso suceda algo parecido con Guiteras, fuera de

36 Raúl Roa.

Cuba. He tenido una magnífica idea, en relación con el libro, que nació al hablar con Carlos,[37] de regreso ya de Miami, de donde me contó cosas interesantes. Pienso hacer gestiones con Ramiro y Mongo[38] particularmente para que me consigan el dinero justo para irme a Nicaragua en donde estaré unos dos meses, a fin de completar detalles de la gesta sandinista y a conocer el escenario, los protagonistas, los palmazones de que con tanto entusiasmo hablaba Aponte. Será para mí emocionante dormir en las mismas selvas donde Aponte durmió y peleó; gozaré en aquellos montes que pertenecen a la historia. Si esto se consigue, pienso que el libro al venderse daría bastante más que su importe, comprendiendo mi viaje y estancia en Nicaragua. Me entusiasma la idea. Si esa gente pudiera resolverme el problema del dinero, pienso que al invierno podría estar de regreso aquí para trabajar intensamente en la publicación del libro. El frío me ayudará a trabajar. Todo lo veo claro. Yo fui al Realengo con solo 10 pesos. Me atrevo a caminar todas Las Segovias a pie, para buscar a los principales jefes vivos y oírles los relatos de la guerra y tomarles el vocabulario y conocer el paisaje, las champas y los ocotes. Bien, veremos a ver qué se obtiene de esto, pero estoy esperanzado y, por eso, trabajo con tanto calor en esto de las cartas, para acabarlo enseguida y ponerme enseguida a lo otro. Me iré a los bosques del Bronx, para que nadie me interrumpa las imaginaciones a fin de irle dando forma al conjunto. Carlos también cree que se podrá conseguir el *money*. A mi juicio resultaría de un magnífico efecto revolucionario la publicación de los dos libros, el de Raúl y el mío. Yo pienso —y ya tengo multitud de cosas dramatizadas en mi imaginación, continuar el libro de Aponte, con la lucha en Cuba,

37 Carlos Martínez.
38 Ramón Miyar.

donde tanta escena patética, hermosa y terrible se ha desarrollado—. Donde nosotros también fuimos protagonistas. Este segundo libro me entusiasma tanto como el de Aponte. Tiene más resonancia personal aun para mí. Con los dos mi imaginación está de fiesta hace tiempo. Carlos le ha escrito a Aureliano sobre esto. Por cierto que me contó interesantes cosas de Miami. De las divisiones entre Laurent[39] y Rubén[40] habiendo acaparado el primero casi todo el elemento de acción de los auténticos. Parece que están reacios a un frente con la Joven Cuba, alegando que ya esta no existe. Dentro de esta organización —o de sus restos, mejor dicho— también hay divisiones, pues parece que Torrado[41] pretende la Jefatura del elemento de acción y Pablo Rodríguez considera —con razón— que le corresponde a él. Aureliano, Guillot y Pendás siguen para México. En la mente de nosotros está fija la actitud que piense tomar Yeyo.

Su carrera es una de las más limpias en el movimiento revolucionario de Cuba y sería una lástima que fuera a caer en mal lugar. Si se mezcla a la gente de la Joven Cuba, por su capacidad y por su historia, pronto será el Jefe. Y esta organización está propensa a relaciones demasiado íntimas con el Apra y demás de su especie. No me gusta esto. Pero él tiene talento sobrado y lo que haga lo hará deliberadamente. Una vez Rafael Suárez Solís me dijo que él creía que Yeyo[42] estaba destinado a representar papeles de gran importancia en Cuba y siempre he pensado así también. Solo que es irregular, con escasa capacidad de trabajo, un poco desilusionado ya.

Veremos. Por otro lado, en Cuba, según ya me había contado Ramiro, se ha formado una especie de agrupación re-

39 Emilio Laurent.
40 Rubén León.
41 Pablo Torrado.
42 Aureliano Sánchez Arango.

volucionaria híbrida de derecha e izquierda. Se llama IR (Izquierda Revolucionaria... parece que le añadieron la segunda palabra porque estaban en duda de su izquierdismo...). Bueno, pero el caso es que esta gente tiene un propósito inicial revolucionario: a saber, agrupar la gente dispersa. Han hecho un programa que dicen que es un engendro. Bien, sin embargo, están trabajando, y de ellos, posiblemente de Ramiro, surgirá el hombre de prestigio sobresaliente —ya él tiene uno grande— que pueda servir de banderín de enganche. Pienso que sin organización allá no es posible hacer nada definitivo fuera. La próxima brava electoral será la mejor propaganda revolucionaria y servirá para buenos reclutamientos. Y hoy es muy tarde ya.

3-7-35

Hace unos días obtuvimos un buen éxito y no sé como no lo anoté. Un grupo de intelectuales americanos, entre los cuales estaban Waldo Frank, Carleton Beals y otros, dirigieron a Mendieta y a Cordell Hull sendas exposiciones, muy claras y enérgicas, de verdadero interés. Estas exposiciones están basadas en el reporte que le hicimos a Baldwin, según nos dijo ayer mismo Carleton Beals, a quien Baldwin se las pasó para que redactara las exposiciones. Ya hicimos traducciones de ambas y las mandamos a Cuba y Miami. Ayer, cuando estuvimos con Carleton Beals, le planteamos el problema de la revista y nos parece que alguna impresión le hizo la posibilidad de negocio de la misma. Esta sería una magnífica oportunidad para ganarnos nosotros lo suficiente para vivir, a la vez que realizábamos un trabajo útil, necesario además para la numerosa colonia latinoamericana de New York. Pensamos hablarle nuevamente del asunto a ver «si se pone para su número». Hoy estuve hablando con Carlos de un asunto que se me ha ocurrido que puede producir magnífico efecto. El del asalto a Isla de Pinos, nocturno. Allí había, cuando yo estuve, hasta ocho ametralladoras de trípode; más de doscientos rifles; dos antiaéreas; dos cañones de tiro rápido y parque en enorme cantidad. El asalto tendrá un doble propósito: rescatar a los presos políticos allí alojados y con ellos libertar a los presos comunes tales como Rodríguez Villar y algún otro, y producir un desastre espectacular y obtener una cantidad de pertrechos tan grande como la que pudiera conducir cualquier expedición. Pero esto solo podría hacerse simultáneamente con el comienzo de la revolución. Avanzando por el potrero, de madrugada, puede caerse de improviso sobre los barracones, con ataque de granadas de mano y asalto al arma blanca y ametralladoras de mano. Al mismo tiempo, habría que situar una emboscada nutrida frente al Mogote del Polaco, por si acuden las fuerzas del puesto militar de Nueva Gerona, por este camino, que es el único de que disponen. Haría falta también, es claro, barcos de andar lo suficientemente rápidos como para en pocas horas alejarse hasta Cuba y perderse o desembarcar. El golpe sería maestro: se libertarían a magníficos peleadores y el desastre moral para el ejército enorme. Si se hiciera a la vez esto en dos o tres lugares de Cuba, ningún comienzo mejor podría tener la revolución armada. Audacia es lo que hace falta; imaginación combativa. Yo cuando estuve en el Realengo, examiné lo más cerca que pude el Cuartel de Guantánamo. Es, como se dice, «comida suave». En una buena jornada nocturna, cien campesinos del Realengo, mandados por Lino,[43] y debidamente armados y parqueados, con cuatro o cinco muchachos conocedores del lanzamiento de granadas, podrían sorprender

43 Lino Álvarez.

el cuartel, tomarlo, y tomar a Guantánamo y abastecerse de magnífico parque y arrastrar a la revolución, al lugar más inaccesible y peleador de Cuba, una gran cantidad de revolucionarios y simpatizantes. Estos asuntos los plantearé en su debido momento. Y ahora voy a seguir trabajando en las cartas de Ferrara, que me doy gusto en esto. Por cierto que, antes de que se publiquen, voy a plantear el problema del robo de las que quedan. Se muere Ferrara si logramos hacer esto. ¡Las maravillas que debe haber ahí!

5-9-35

Han pasado casi dos meses desde la última vez que escribí aquí. Han pasado multitud de cosas. Cosas de la revolución y cosas mías, de las que es mejor no dar cuenta. Obtuve por fin un trabajo extra de camarero en El Toreador, y ahí me voy defendiendo con las propinas. Parece que el tiempo se pondrá mejor a medida que avance el invierno. Hemos dado, por fin, forma a nuestra organización. Aureliano, Pendás y Guillot, conforme yo lo pensaba, no nos han acompañado esta vez, y se encuentran en México donde, según parece, militarán en la Joven Cuba. Nosotros creemos que es un error de ellos. Nuestra organización se llama ORCA (Organización revolucionaria cubana antimperialista).[44] El nombre es

44 «La Organización Revolucionaria Cubana Antimperialista (ORCA) surge a la vida política con misión propia y propósitos definidos... es una organización independiente de ideología definidamente antimperialista, fundada por elementos que tienen tras de sí una ejecutoria intachable y probada capacidad de lucha durante más de diez años de tormentosa brega, que trae como misión central y específica la integración de todos los sectores y partidos llamados antimperialista en el *Frente Único* programático y entre sus objetivos la colaboración más estrecha con los mismos en todos los trabajos preparatorios de la etapa insurreccional que se avecina y su participación

simbólico. Se me ocurrió a mí, pero deliberadamente. Ahora, para rematar el símbolo, hay quien propone llamar «Guásima» al periódico... Pero esto se dejará para un momento de acción. Ya publicamos nuestro primer manifiesto y dimos el primer mitin en Filadelfia, en donde se leyeron unas cuartillas de Raúl, hablé yo —muy mal, por cierto— un guajiro cubano que estuvo estupendo, y Gustavo, que también estuvo muy feliz. En New York, para el 30 de septiembre, aniversario de la muerte de Trejo, organizaremos un mitin que puede quedarnos bueno. Necesitamos reunir para el primer número del periódico. Otro de los buenos trabajos realizados es el de la publicación de las cartas de Ferrara, Vasconcelos, etc., en combinación con IR en La Habana.

Según noticias que tenemos, ya el folleto ha sido puesto en circulación, aunque nosotros no hemos recibido ninguno todavía. Ahora tengo pendiente el problema de inmigración y veremos a ver cómo se resuelve. Bueno, la imaginación está hoy neblinosa, como el día, y dejaré esto para otra ocasión.

---

en ella, a la vez que el esclarecimiento diario de su contenido teórico a fin de que se haga realidad viva e impulso beligerante en la conciencia de las masas cubanas». Del manifiesto redactado en el exilio, Nueva York, agosto de 1935.

Este es Fulgencio Batista...[45]

New York, 29/3/35.
El coronel Fulgencio Batista, dictador militar de Cuba, es una figura singular, llena de interés. El doctor Orestes Ferrara, uno de los más astutos cerebros de la política en América, ha dicho que la revolución en Cuba solo ha dado dos figuras: el periodista Vasconcelos y el coronel Batista. La frase es casi exacta. Mas, para que sea una expresión casi matemática, es necesario cambiar la palabra revolución por contrarrevolución. Entonces sí estamos de acuerdo. La diferencia solo estriba en el concepto que tiene el doctor Ferrara sobre la revolución...

Pero los partidos de oposición circunstancial al actual gobierno de Cuba no se muestran propicios a reconocer la verdadera valoración del coronel Batista. Hay en esto tanta torpeza como en su incapacidad de organización, que quedó plenamente probada con el último movimiento de huelga general, que les propició la mejor ocasión revolucionaria que ha ofrecido Cuba en muchos años...[46] y el que no supieron aprovechar ni auténticos, ni guiteristas, ni abecedarios.

Aunque parezca vulgar el símil, hay en esta actitud de la oposición política con respecto al coronel Batista algo de la infeliz manera con que el avestruz evade la presencia del enemigo peligroso... También los políticos de la oposición en Cuba han enterrado su cabeza en la arena, para soñar con un coronel Batista adaptado a sus planes, que les permitiera asaltar el poder felizmente, derribarlo de su trono de Colum-

45 *Lunes de Revolución*, Suplemento Literario del periódico *Revolución*, número especial (42), 11 de enero de 1960.

46 Se refiere a la huelga de marzo de 1935, que convulsionó al país dos semanas antes y fue aplastada por el terror.

bia y poner en su lugar a cualquier otro sargento con nuevas demagogias...

Ante el fracaso estruendoso me parece muy prudente hacer una justa silueta del coronel Batista, para darlo a conocer en su justa medida y, también, para ayudar a rectificar ilusiones tan costosas.

¿Cómo surgió Batista al poder? El 4 de septiembre de 1933, la madrugada del famoso golpe militar de Columbia contra la oficialidad del machadato, Batista era un sargento taquígrafo... Es decir, era un burócrata en el ejército, que nunca había tenido contacto con la tropa. No sabía ni marchar, ni montar a caballo, ni armar una ametralladora, ni saludar con cierto aire marcial... Nunca había tomado parte en ninguna campaña... Ni siquiera había perseguido nunca a ningún bandolero... Sin embargo, por encima de todos sus compañeros sargentos, que sí eran militares, que sí habían tenido contacto con la tropa siempre, salta el nombre de Fulgencio Batista y el pueblo, con su genial intuición, adivinó que se trataba de un *leader* de piratas.

Después, todavía con las barras de sargento, fue abrazado por los cinco presidentes de la efímera pentarquía...[47] Más tarde, fue abrazado por el doctor Grau San Martín... Poco después abrazó él a Mendieta y lo tomó bajo su protección. Bajo el comentario irónico del pueblo de Cuba, siempre suspicaz, dio largos paseos a caballo con el embajador Caffery.

47 La Agrupación Revolucionaria de Cuba, fue fundada el 4 de septiembre de 1933 en el Campamento de Columbia, y designó un Gobierno Provisional de cinco miembros: Ramón Grau San Martín, José M. Irisarri, Sergio Carbó, Porfirio Franca y Guillermo Portela. La Pentarquía fue disuelta el 10 de septiembre; en su lugar se constituyó el gobierno presidido por Grau San Martín.

Conviene recordar circunstancias esenciales para enjuiciar a este hombre, a quien considero la mejor cabeza de la reacción en Cuba.

¿Cuántas veces, en la historia del mundo, se ha producido una sargentada y esta ha retenido el mando? Yo no recuerdo ningún otro caso como este de Cuba. Pero hay más. ¿Cuántas veces un sargento taquígrafo ha podido asumir y mantener el control de un ejército precipitado a la anarquía y, lógicamente, minado por las ambiciones?... Tampoco recuerdo nada semejante. Acaso estas razones históricas inclinaron a la oposición a mantener un criterio paradójicamente pesimista con respecto a la talla de Batista.

El 4 de septiembre se sobrepuso, instantáneamente, a los demás sargentos; cuando los oficiales se refugiaron en el Hotel Nacional,[48] los cañoneó y los venció; cuando se sublevó el campo de aviación y se verificó el ataque aéreo nocturno al Campamento de Columbia, sostuvo el fuego y repelió el bombardeo, obligando a la fuga a los aviadores rebeldes; cuando se sublevaron simultáneamente los abecedarios y tomaron casi toda la ciudad de La Habana, en pocas horas los fue desalojando de los cuarteles y estaciones de policía y, por último, los copó en el Castillo de Atarés en donde los diezmó a mansalva...[49] Por último, combatido por la más formidable huelga que recuerda Cuba, se aprovechó con rápida malevolencia de la desorganización de los sectores políticos, de su falta de audacia revolucionaria, e implantó, sin vacilaciones, el terror, para aplastar la huelga de obreros, maestros y estudiantes...

48 El combate del Hotel Nacional se produjo el 2 de octubre de 1933.

49 Durante los días 8 y 9 de noviembre de 1933 se produjo la sublevación del ABC, la aviación y la policía en La Habana. Combatidos duramente, se replegaron hacia Atarés. El día 9 por la tarde se rindieron. Son ejecutados Juan Blas Hernández y otros sublevados.

Su ejército es hoy el ejército de Aníbal en Italia: no hace más que vencer... Está invicto. La moral de su ejército es la moral de la victoria, y esto es aún más importante que el número de los soldados y la calidad de su equipo. Mas este es otro detalle que hay que considerar en Batista.

Su ejército no es el ejército de Machado. Es superior a aquel, así en la crueldad y la barbarie como en la cantidad y calidad. Machado disponía de unos 14.000 soldados. Batista tiene 15.000 soldados; 1.500 cabos, 1.500 sargentos, 3.000 policías en la ciudad de La Habana y 2.600 marineros. Además, un Servicio Secreto numeroso y tan hábil como canallesco. Esto en cuanto a número, que, en calidad, es un ejército que ha combatido y vencido, y que tiene un equipo tan bueno como el mejor del mundo. Los soldados de Batista han dejado de pertenecer a las clases populares y por eso las traicionan; y por eso estas los odian. Los soldados de Batista ganan $30.00 al mes, casa, comida y ropa. Ahora, además, esos soldados han tenido oportunidad de colocar a sus familiares en las oficinas del Estado, las provincias y los municipios con motivo de los miles de cesantías decretadas al quedar vencida la huelga. Esos soldados, en realidad, no se consideran soldados de la República, sino soldados de Batista, el sargento que pasea a caballo con el Embajador de los Estados Unidos... el que, cuando lo tiene a bien, recibe en su campamento a un pobre sujeto al que titulan los periódicos «Honorable Señor presidente de la República»...

Pero el coronel Batista, analizado con más penetración, muestra poseer eminentes virtudes maquiavélicas.

Por lo pronto, supo eliminar a todos sus posibles rivales en el mundo. Pablo Rodríguez,[50] que tomó tanta parte como él

50 Nombrado comandante durante la Pentarquía y designado jefe de la guardia personal de Grau durante el gobierno Grau-Guiteras. Co-

en el golpe del 4 de septiembre, por su adhesión a los estudiantes, tuvo que huir a Miami. A Mario Hernández,[51] que era peligroso por su audacia y ferocidad, lo asesinó en Pinar del Río, cuando planeaba un golpe en el que iban a entrar todos los altos oficiales. A

Pedraza, que también resultaba temible, pero que le era necesario para satisfacerle la vanidad de Jefe, le ha creado un ejército chiquito en la ciudad de La Habana y lo tiene amorosamente viviendo al lado de su casa en Columbia... A otros, que también le hubieran resultado «hombres difíciles» les ha dado cargos honoríficos o los ha puesto en administraciones militares, sin mando de tropa... Y a su lado conserva a los que se conforman modestamente, con el grado de teniente coronel que hoy, en Cuba, es casi tanto como ser cardenal en Roma... Y con esta técnica, y con darle a los soldados un «rancho» digno de ser servido en el Hotel Nacional, y nombrar a algunos sargentos alcaldes y destinar para un cabo, probablemente, el Rectorado de la Universidad de La Habana, el coronel Batista ha podido burlar las ingenuas esperanzas de los políticos oposicionistas en el cuartelazo de algún oficial ambicioso del poder del árbitro de Columbia.

Pero Batista ha sabido estar pendiente de los «pequeños» detalles importantes. Cuando el teniente coronel Mario Hernández fue asesinado en Pinar del Río, la «hazaña» recayó sobre Benítez[52] y no sobre Batista... Cuando se implantó el terror contra la última huelga, echó sobre Pedraza todo el peso

---

laborador de Guiteras, fue miembro del Comité Central de Joven Cuba.

51 Mario Alfonso Hernández, golpista del 4 de septiembre y ascendido a teniente coronel del ejército. Se destacó en los combates del Hotel Nacional y Atarés. Ocupaba la Jefatura del Territorio Militar de Pinar del Río.

52 Manuel Benítez Valdés.

de la responsabilidad, en lo que, además, ninguna gloria iba a conquistar, y, en esos días, por las calles pululaban muchos más policías y marineros que soldados... De diez cubanos que tuvieran la oportunidad de disparar sobre Batista o sobre Pedraza, nueve harían fuego sobre este último... ¡Y entre ambos asesinos hay la pequeña diferencia que media entre el Empire State y la pretenciosa torre de reloj de cualquier ayuntamiento de pueblo!

Este es Fulgencio Batista, el que pasea a caballo con Caffery y algunas veces recibe al pobre presidente Mendieta, la marioneta de gestos furiosos, que él mueve a su antojo por hilos demasiado visibles para el pueblo...

Este es Fulgencio Batista, el nuevo Capablanca del ajedrez político de Cuba; el nuevo mastín de cara amable, un poco proclive a la obesidad por la suculencia del rancho militar, de quien dispone la Embajada americana en La Habana, en su apostólica misión imperialista...

Este es Fulgencio Batista. Los políticos, en su impotencia, lo combatirán por el terror. Nosotros, los luchadores antimperialistas, desenmascarando su rol y propiciando la revolución de las masas populares de Cuba contra la penetración económica y política y contra todos los que, como él, no tienen otra misión que engañar al pueblo con promesas falsas y aterrarlo luego, con asesinatos verdaderos...

La «bolita» en New York[53]

El vicio de moda

En New York, capital del vicio, está ahora de moda la «bolita»... Y, como todo en la gran ciudad de los presidiarios libres, la «bolita» se ha organizado y es hoy como una telaraña invisible e indestructible que se extiende desde el centro a todos los rincones de la ciudad... Y en vano el Comisionado Valentine realiza una magnífica labor; y en vano los periódicos de más ganada seriedad, como *The Times*, denuncian la plaga... La «bolita» se sigue jugando por todos y en todas partes... En los «Childs», en los «Laundry», en las «Cafeterías», «Cabarets», «Factorías», «Groceries», «Cigar Store», «Delicatessen»... todo el mundo apunta... Judíos, irlandeses, escoceses, alemanes, franceses, italianos, españoles, cubanos, mexicanos, puertorriqueños, chinos, filipinos... todo el mundo apunta. ¡La policía también!...

Pero New York, creada para refugio de todos los fugados del mundo, conoce, hace tiempo, todos los juegos... Tampoco la «bolita» es nueva en New York!...

Los precursores

¿Quién fue el primero que tiró la «bolita» en New York?... Como todas las cosas internacionales, esta también permanecerá en el misterio... ¡Como el nacimiento de Colón, la

53 *Bohemia*, La Habana, 5 de mayo de 1935, págs. 16-17, 79-80. Fue publicado, con una nota introductoria de Siomara Sánchez, en la *Revista de la Biblioteca Nacional José Martí*, año 71, no. 2, mayo-agosto de 1980, págs. 28-32.

existencia de Homero y la invención de los huevos fritos!... Sin embargo, alguien debió ser el primero en «tirarla»...

Todavía no se ha fundado aquí el primer Instituto destinado a emprender la investigación científica del problema, pero no es difícil que a la muerte de cualquiera de los más famosos banqueros neoyorkinos este deje un legado de tantos millones de pesos para la creación de dicho Instituto...

Mientras tanto, este organismo —cuya fundación es inminente— dice la última palabra en la materia, habrá que conformarse con el resultado de las investigaciones empíricas de observadores aficionados...

Por lo pronto «se pierde en la noche de los tiempos» el origen del juego en la Louissiana... Hace cuarenta... Hace cincuenta años dicen que ya se jugaba la «bolita» en New Orleans, demasiado próximo a La Habana...

En New York acaso se jugó entonces también, pero nadie puede dar ahora con un dato concreto. Es necesario que comience la Guerra Europea, para que en el 1914 aparezca la figura del primer gran patriarca de la «bolita»... Se llamó... El Catalán Grande... Y después vino El Catalán Chiquito... Después vinieron miles y para todos dio New York...

Peripecias de la técnica

Hoy la «bolita» se «tira» de la siguiente manera: todos los banqueros de New York se ponen de acuerdo, en un meeting celebrado al efecto, para adoptar un hipódromo que les sirva de base para sus operaciones. Este hipódromo es hoy uno y mañana otro. Ahora bien, el pago se hace utilizando los terminales de las carreras tercera, quinta y séptima. Como se ve, a diferencia de La Habana aquí hay que apostar no a dos sino a tres terminales. ¡El premio en consecuencia es diez veces mayor y por un peso el banquero entrega seiscientos!

Pero no siempre fue así el «tiro» de la «bolita». Han sido necesarios más estudios que los del profesor Piccard para obtener un sistema que a la vez sirva de garantía al público... y a los banqueros... Porque así, en realidad, se ha mantenido una larga batalla entre banqueros y apuntadores para ver «quién le daba la brava a quién»... Ahora, en la apariencia, el negocio es justo.

Al principio se utilizaron los tres terminales del Bond Market (la Bolsa) y después los del Clearing House. Pero ocurrieron robos de números y, además, el Clearing House, para no prestar su cooperación al vicio, determinó publicar los números redondos, en millones, sin terminales. Fue preciso modificar de nuevo la técnica y se utilizaron entonces del [*sic.* por «dos»] números del cambio y uno del balance. Pero siempre había quien podía «clavar» a los banqueros por anticipado.

El Tesoro de los Estados Unidos pareció en estas condiciones lo más sagrado de todo... Y la experiencia solo le duró a los banqueros algo más de una semana, pues los incorruptibles funcionarios del Tesoro se enteraban con 24 horas de anticipación de los números y en una ocasión le «cargaron» un número al Francés, un negro de West Indies que fue en un tiempo el más famoso banquero de New York, y le hicieron pagar varias decenas de miles de pesos...

El golpe fue tan rudo que por una semana se suspendió el «tiro» de la bolita y entonces es cuando surge a la gloria el nombre de un compañero en la prensa, repórter de un periódico neoyorkino, quien «dio la letra» de que se utilizasen los dividendos de las mutuas de los hipódromos.

La idea genial fue acogida con general beneplácito y enseguida comenzaron a utilizarse dos terminales de la quinta carrera y uno de la séptima. Mas, «por una combinación —según me expresa elegantemente el erudito que me suministra los datos para los lectores de *Bohemia*— se podía «entrar en el guiso»... Y parece que por esa misma «combinación» u otra parecida, un hipódromo de Louissiana, que se supone pertenecía a los *racketeers*, durante cincuenta y un días consecutivos estuvo haciendo trampa...

En este punto es que se aprueba el sistema que hoy rige el pago de los banqueros; esto es, el tomar los números de la tercera, quinta y séptima carrera. Y ahora, ya el público tiene un chance problemático, al paso que los banqueros, tal vez, cuando tienen un número muy cargado, si el hombre de la mutua es de ellos, puede salvarlos haciendo alguna apuntación final que haga variar el terminal... Y, para eso, es necesario el hilo directo desde New York al hipódromo lo que, desde luego, no es tan difícil tampoco...

Mecánica del jugador al banquero

El racket de la «bolita», por existencia ilegal, exige una mecánica especial y, sobre todo, mucha «grasa»... Pero de esta hablaré luego.

El jugador no conoce al banquero. Solo conoce al colector, al apuntador... Pero es que este tampoco conoce al banquero, sino solamente al *controller* o *runner*, quien es el encargado de llevar todas las apuntaciones al banco. Es decir, que el banquero cuenta con una red completa: primero, cuenta con un grupo de *controllers*, hombres de confianza, y estos, a su vez, valiéndose también de personas de su amistad, parentesco, etc., ramifican la oportunidad de apuntar. Los colectores, por su parte, no le recogen apuntaciones más que a conocidos... Es un sigilo que escucha toda la ciudad... Una enorme cantidad de pequeños establecimientos son verdaderas bolsas de apuntaciones.

En las horas de la mañana se realizan casi todas las apuntaciones. Al mediodía, las oficinas de los bancos, que cambian de lugar por lo menos dos veces por semana, para evadir la astucia policíaca, trabajan febrilmente. A las dos y media se reciben los primeros números de la carreras. Cuando termina la séptima, ya se conoce el número premiado y en una hora es repartido por toda la ciudad el dinero. Por la noche cada cual ha cogido su dinero. ¡Y de nuevo comienzan las apuntaciones de acuerdo con el último sueño tenido; de acuerdo con el número del taxi; o del *subway*; o con la página de un libro... o con el desastre del día anterior!... Porque la superstición no tiene patria, según parece, y aquí sienten su atracción igual que en Cuba.

Hubo, inclusive, un banquero tan astuto que conociendo la influencia de la superstición, compró una gran cantidad de esos libros que interpretan los sueños, para que sus *controllers* y colectores los repartieran entre la «clientela»...

Y hay todavía, en esta mecánica del jugador al banquero y del banquero al jugador un aspecto más: el de la quiebra. Ha habido bancos que han quebrado, como cualquier Banco Nacional de Cuba, y todo el mundo ha perdido su dinero... Otras veces solo se ha tratado de un *runnie* o un *collector*, encargado de repartir demasiado dinero por su barrio, que se ha alzado con él y se ha ido a vivir a Filadelfia o Boston, para volver poco después... Según parece aquí también se cumple aquello tan filosófico de que «entre americanos no vamos a andar con boberías»...

Historia y sociología de la «bolita» en New York

Es curioso. ¿Por qué la «bolita», que comenzó siendo latina, ha pasado al control de banqueros americanos? ¿Por qué la policía no puede reducirlo? ¿Por qué en los últimos años ha adquirido tanto auge? ¿Hay algún remedio contra ella?...

A todas estas preguntas ha respondido favorablemente mi erudito.

Él cree que la «bolita» es ya americana y apenas si hay banqueros fuertes cubanos, por la falta de unión entre estos, y las rencillas que han hecho que los *meetings* no hayan sido nunca completos, quedando siempre fuera banqueros que no acataban órdenes del resto. Además, el negocio se hizo tan grande, que llamó la atención de los más audaces *racketeers* de New York, dotados de organización, *body guards* y todos los detalles anexos...

Por otro lado, a pesar de las actividades implacables del comisionado Valentine, a quien generalmente se considera como insobornable, la policía de New York no puede con los boliteros... (¡Mi erudito se sonríe sutilmente!...)

Por una sola razón la «bolita» está hoy de moda en New York. Los gángsters, al disminuir el negocio de la bebida, necesitaban otro *modus vivendi*. El de la «bolita» ya estaba organizado y tenía una base viciosa, esto es, natural, y, por lo mismo, perdurable. La típica ferocidad de los gangsters ha disminuido al cambiar de negocio, pero eso no obstante hace muy poco murió en Harlem un hombre a quien se acusaba de haber entregado algunos bancos... Nadie... sabe quiénes lo mataron...

New York siempre tendrá algún gran vicio de turno; pero el de la «bolita», según piensan algunos cerebros equilibrados puede ser encauzado, haciéndola, sencillamente, oficial... Quiere decir, en otras palabras, que una lotería del Estado acabaría con la de los particulares, porque el Estado les ofrecería más garantías a los jugadores...

Mas hay un poco de miedo... ¿Cuál sería entonces el gran vicio de la gran ciudad?...

Ayer héroes y hoy «bandidos»...[54]

Nueva York, 20/5/35.
Los actuales exiliados revolucionarios cubanos, venimos constatando, como un reflejo más de un ambiente hostil, que no ha vacilado en calificar de «bandidos» y «enemigos públicos» a nuestros compañeros asesinados en Cuba, una actitud, si no despreciativa, sí de franco desgano y desinterés por los acontecimientos de nuestro país, por parte de los núcleos de raíz liberal y democrática en la opinión pública norteamericana.

¿A qué se debe esto? ¿Qué razón puede haber motivado tal cambio? Un poco de historia puede ayudar a despejar la incógnita.

Bien hace ya un siglo que Cuba lucha, generación tras generación, por alcanzar su independencia política y económica. Ningún otro pueblo de América ofrece ejemplo semejante.

En todos ha habido siempre largos períodos de tregua a continuación de los años de combate.

En Cuba no ha habido descanso. Todas las generaciones de cubanos han tenido la oportunidad de tomar las armas en las diversas manifestaciones de la lucha más dramática de un pueblo, que sufre cantando, como un sinsonte enjaulado, la agonía secular de la opresión.

Durante todo este tiempo, los Estados Unidos han sido el refugio de los vencidos; de los que han venido a su suelo a preparar los ánimos para la próxima peripecia sangrienta. Narciso López en 1850; Aguilera durante la Guerra de los Diez Años (1868-1878), Martí y Estrada Palma en la prepa-

54 Original facilitado por las hermanas de Pablo. En su «Diario», Pablo refiere al envío de este artículo a *The New Republic.*

ración y a través de la Guerra de Independencia (1895-1898) constituyen los ejemplos clásicos. Más tarde, cuando después de medio siglo de continuo combatir, se le dio a nuestro pueblo una libertad política frenada por el imperativo de la Enmienda Platt, y, el ya iniciado yugo económico se reforzó con los famosos empréstitos «generosos», comenzaron las vacilaciones y turbulencias, de un gobierno sin gobierno y de un pueblo sin conformidad ante la estafa de sus sacrificios. De nuevo, entonces, volvieron sus ojos hacia los Estados Unidos los que esperaban de él atención y justicia.

Pero Cuba, que había buscado la alianza del pueblo americano para que lo ayudara a sacudir el dominio español, cayó bajo la opresión mayor, aunque más disimulada, no del pueblo de los Estados Unidos, pero sí de su banca imperialista y explotadora.

Los «gobiernos» de Estrada Palma, José Miguel Gómez, Menocal, Zayas y Machado, intentando siempre acomodarse a la «realidad histórica», midieron en todo momento sus actos de acuerdo con la opinión del Embajador de los Estados Unidos. Solo por esta razón, tan sencilla como el número uno, es que nuestro pueblo disfruta del concepto de convulsivo, intranquilo e «incapaz de gobernarse por sí mismo»... Solo por la razón de no admitir, de ninguna manera, que lo gobierne, a través de traidores, un Embajador americano, atento solo a los intereses de los bancos, dueños de los cañaverales interminables.

Frente a todos esos «gobiernos» la opinión pública cubana asumió una actitud de rebeldía, cuajada en conspiraciones y en revoluciones y, siempre, orientó sus esfuerzos para captar la atención y la simpatía de la opinión pública norteamericana, en un deseo vehemente de comprobar su pregonado amor a la libertad y a la democracia. Y es honrado el declarar que nunca ha faltado quien haya cogido, con mayor o menor calor, las justas demandas del pueblo de Cuba, aunque los resultados de ese apoyo no siempre hayan sido afortunados.

La lucha contra el período de terror del presidente Machado, encontró un generoso ambiente de simpatía en todos los Estados Unidos. La prensa, particularmente, cooperó con verdadero entusiasmo. Pero, de nuevo la «sombra diplomática» se mezcló en los intereses de Cuba, y Benjamin Sumner Welles, con sus manejos en la tortuosa «Mediación», a la que concurrieron los convencidos del «imperativo de la realidad histórica», tomó bajo sus manos los hilos del destino de un pueblo que se niega persistentemente a ser conducido en otra dirección que la indicada por el camino de sus sacrificios incomparables.

Golpes militares, huelgas, desfile vertiginoso de presidentes, gobiernos sin reconocer, masacres, revoluciones... Y, mientras el Embajador americano vigilaba con mirada atenta el vórtice tumultuoso de los acontecimientos que marcaban el aparentemente confuso entrecruzar de los empeños revolucionarios, en espera de la oportunidad para poner freno a todo aquello, primero, y, luego hacer girar la rueda de la revolución en sentido inverso, acorazados de la escuadra rodearon la Isla, con la humillante amenaza de sus cañones... Y, para «completar la obra», lo que solo era tema para la tragedia, se utilizó como elemento de lo grotesco por la caricatura y el chiste; lo que era espectáculo angustioso de un pueblo en marcha hacia su libertad por el camino de la revolución, se tomó como argumento para insistir sobre la «inferioridad de un pueblo», «incapaz de gobernarse a sí mismo», según la clásica doctrina imperialista, tan cómoda y tan productiva.

Ahora, de nuevo en el exilio, nos encontramos con que hasta los mismos elementos liberales que antes nos ayudaron a derribar a Machado «han caído en la trampa», y por eso constatamos ese desgano y ese desinterés ante nuestros problemas de que hablaba al principio de este artículo...

Ante esta realidad innegable; ante una opinión pública dirigida casi unánimemente por la prensa, en un sentido que nos denigra, hasta tal punto que no se detiene en llamar «bandidos» y «enemigos públicos», a los héroes asesinados, a los mismos que calificó hace apenas dos años de «víctimas heroicas», me veo precisado a insistir sobre mis argumentos, esto es: a mantener que solo una razón tan sencilla como el número uno sirve de sostén a la cómoda leyenda de «nuestra incapacidad para el gobierno propio», y a que «somos un pueblo inferior, convulsivo y turbulento», la razón de que nuestro pueblo, que por su historia ha demostrado no ser un buey manso, se niega y se negará siempre a ser conducido por los embajadores americanos, servidores de los intereses de la banca, propietaria de los cañaverales interminables...

Ante tal insistencia de un argumento falaz, tenemos que oponer, también con igual insistencia, y con la fuerza de un herrero que machaca en hierro, el argumento veraz de la historia, con la esperanza de atraer la atención de los hombres honrados de la nación americana a los cuales planteamos este postulado sin excusas: lo que fue crimen y asesinato bajo Hoover, también es crimen y asesinato bajo Roosevelt; lo que fue crimen y asesinato bajo Machado, también es crimen y asesinato bajo Mendieta; lo que fue intromisión en los embajadores Judah y Guggenheim,[55] también es intromisión en los embajadores Welles y Caffery; ¡y, por último, lo que fue heroísmo, virtud, sacrificio y generosidad de los revolucionarios frente al terror de Machado, no puede ser, bajo el terror

55 Harry H. Guggenheim. Embajador norteamericano. Fue relevado el 11 de mayo de 1933 por Benjamin Sumner Welles.

de Mendieta y Batista, convulsión, desorden, intranquilidad y bandidaje!...

Porque, una de dos, o el que admite esto claudica vergonzosamente ante la mentira de «la incapacidad de los cubanos para gobernarse», sucumbe a la «realidad histórica», como los nuevos porteros nativos de la Embajada americana en La Habana; o, de otra manera también sucumbe a «la realidad histórica» y comprende que es inútil su esfuerzo en un sentido generoso en ayuda de un pueblo oprimido que quiere ser libre, frente al torrente impetuoso de las fuerzas de explotación que se empeñan en aherrojarlo.

De los primeros claudicantes nada queremos ni esperamos, pero a los segundos sí les llamamos la atención sobre un hecho cierto: cuando aquí las fuerzas de opinión, liberales y democráticas, comienzan a considerarse débiles para hacer frente a las ideas representadas por las fuerzas de opinión conservadoras y tiránicas, entronizadas desde Washington en su política con respecto a nuestro país, es porque muy pronto esas fuerzas de opinión, liberales y democráticas, van a ser arrolladas y sojuzgadas aquí mismo; aquí, donde todavía las sombras de Washington y de Lincoln, sirven de protección a las plataformas demagógicas de los partidos que aspiran al poder.

La realidad, pues, exige la lucha, el combate, la defensa... Y en política también resulta exacto el postulado deportivo que pregona que «la mejor defensiva es una buena ofensiva»...

¿Por qué no iniciar con el caso de Cuba la ofensiva por recuperar el terreno perdido en el camino de la libertad de los pueblos a gobernarse por sí mismos, y por qué no ayudar a los revolucionarios cubanos en su empeño de lograr la real liberación de su país?

Cuba: escenario de lucha contra el imperialismo en el Caribe[56]

Cuba, el país a quien el capitalismo americano, como ha hecho otras veces con México y con algunos otros países de la América Latina, pinta, por medio de su prensa y de su cine, como un país de gente iracunda y epiléptica, en perpetuo estado de sangre y de barbarie, acaba de pasar por otra página trágica de su historia. Sin embargo, aquella alfombra de caña sobre el mar, no ofrece otras manifestaciones que las de un pueblo que se debate, a lo largo de un siglo interminable, por alcanzar su libertad. Y se debate con un vigor y un heroísmo admirables, que bien pueden servir de ejemplo a muchos otros pueblos que ansiosos también buscan la oportunidad de comenzar el combate por su liberación de las cadenas del imperialismo.

La última peripecia sangrienta ocurrida en Cuba, muestra a las claras —precisamente por el aparato de terror desplegado— la importancia de la lucha que en aquel escenario maravilloso se desarrolla.

En Cuba —sometida temporalmente a la triple mascarada de Caffery-Batista-Mendieta—, no es ya, en estos momentos, un problema local lo que se confronta. Allí se decide una batalla de sin igual importancia: la batalla de los pueblos oprimidos de las Antillas —secularmente oprimidos— contra la explotación del oro imperialista, que utiliza, con habilidad de tramoyista experto, a los muñecos nacionales que, por un poco del derecho a empanzarse que tienen los que disfrutan

56 Procedente del archivo familiar. Este artículo, sin fecha, fue escrito en el exilio tras la huelga de marzo.

ampliamente de la vida, se venden a él y traicionan a sus pueblos.

Puerto Rico, por condiciones geográficas de todos conocidas, poco ha podido hacer por su liberación. Cuando Cuba luchaba por su independencia de España, en sus campos se combatía también por la libertad puertorriqueña, y, así, muchos hombres de Puerto Rico murieron en las maniguas cubanas. Luego vino la traición; la doble traición: para Cuba, que desde hacía medio siglo venía debatiéndose por libertarse, le concedieron la bandera y el himno y a Puerto Rico ni esa un poco ridícula satisfacción le propiciaron. Hoy la isla del café alienta un espíritu nacionalista que no llega a tener la fuerza que ya debía tener. Y aún este movimiento aparece como un poco atrasado a las necesidades del momento histórico.

Santo Domingo está dominada por Trujillo el que, apoyado bien por el oro yanqui, comete horrores que apenas si pasan las fronteras, como si el mar dominicano fuera más denso que ninguno.

Haití, humillado desde el último escarmiento ya un poco lejano, no muestra señales de ánimo combativo.

Y Jamaica está aislada del mundo y del imperialismo yanqui, por el inglés, tan poderoso como aquel.

Cuba es, pues, casi exclusivamente, el escenario de lucha contra el capitalismo explotador. Ella es el escenario de combate, de pelea. Allí es donde ocurren las escaramuzas de trascendencia exterior que no puede dejar de proclamar la misma prensa capitalista interesada siempre en silenciar todas las peripecias sangrientas. Allí es donde ocurren los hechos que llaman la atención de la América entera y de donde se levanta la gran voz que llama a la lucha a todos los que no tienen donde luchar. Y, por eso mismo, como lo fue en tiempos de la liberación de España, pero como razones históricas y políticas mucho más poderosas, allí es donde deben converger no solo los ojos, sino los entusiasmos combativos de todos los que no encuentran oportunidad de luchar en sus propios países.

Ya, después del último movimiento, en que de manera tan brutal y violenta se aplastó un impulso popular de liberación, el imperialismo yanqui ha comprendido por medio de su «pitonisa» Caffery, que es necesario reducir aquel reducto y apagar todos aquellos fuegos. Ellos han comprendido de sobra la importancia enorme de una victoria de un pueblo antillano en su empeño liberador. Ellos han comprendido que una derrota en Cuba del capital penetrador yanqui implica, forzosamente, un aliento de combate y de esperanza para todas las otras islas antillanas y que Puerto Rico, Santo Domingo y Haití, recibirían también, no solo un aliento, sino una ayuda material para la lucha. Saben que el problema local se expandería y se haría a los ojos de todos lo que es a los ojos de los que ven a fondo la realidad del problema: esto es, para todos sería evidente que el problema de Cuba es el mismo que el de todas las Antillas; el mismo problema del imperialismo en el Caribe.

Y, para comprender lo que sería una derrota en Cuba, solo hay que pensar que es en el Caribe en donde el oro yanqui tiene sus trapiches más productivos, sus maquinarias más sangrientamente engrasadas.

Y por eso la lucha es a sangre y fuego y por eso es necesario que ya que la lucha no puede realizarse en todos los frentes con igual intensidad, concurran a Cuba, a pelear allí, a sacrificarse allí, los antillanos todos que quieran la liberación de sus tierras. Porque hay que concentrar los fuegos ya que el enemigo también los concentra.

El «Normandie» no es francés...[57]

El «Normandie», nuevo emperador de los mares, acaba de arribar a New York, para completar su viaje inicial a través del Atlántico.

Su llegada ha sido un suceso inolvidable. Desde Sandy Hook hasta los nuevos «*piers*» del West Side, frente a la calle 48, en donde atracó el enorme buque, centenares de miles de personas se agolparon para presenciar su incomparable majestad deslizante.

El Battery Place era un mar de cabezas. En Brooklyn, en New Jersey, en Staten Island y Ellis Island, miles y miles acudieron a ver pasar al coloso, la obra movible más grande fabricada por el hombre en todos los tiempos. Desde todas las ventanas de todos los edificios ribereños un aletear fantástico de pañuelos alegraba el aire de la tarde espléndida. Las torres de todos los rascacielos fueron alquiladas para observar la llegada del «Normandie» desde los *narrows*. Más de treinta aeroplanos, incluyendo escuadrillas del Ejército y de la Marina, evolucionaron sobre la nave. Y el anchuroso río Hudson se llenó de centenares de remolcadores, ferries, lanchas y pequeñas embarcaciones, todas atestadas de gente que escoltaron al barco desde el faro flotante Ambrose hasta los nuevos espigones, aún sin terminar, que ha sido necesario construir para que tuviera donde atracar... Y los aires se han llenado por un buen tiempo con las aclamaciones de la multitud y por el saludo caballeroso y cordial de los otros gigantes del océano y por los pitazos chillones de todos los remolcadores del puerto, uno de los cuales daba remolque a un lanchón desde el cual un Mickey Mause gigantesco daba

57 *Bohemia*, La Habana, 23 de junio de 1935, págs. 12-13, 51-53.

la bienvenida al «Normandie» que, de vez en cuando, coronándose de una sutil nubecilla, respondía con la profunda voz de su sirena al saludo de sus más pequeños compañeros del mar. Desde todos los radios de la ciudad «La Marsellesa» entonaba su ímpetu de victoria... En la isla del Gobernador, un prisionero aprovechó la estática admiración de los guardianes para darse a la fuga... Los que han vivido muchos años en New York solo recuerdan un suceso semejante en expectación, grandiosidad y entusiasmo: la llegada de Lindbergh, cuando regresó de su prodigioso viaje a París.

Sin duda ha sido así. New York ha recibido al «Normandie» como se recibe a los héroes inolvidables y propios. No ha sido esta vez esa cosa un poco artificial, del paseo por Broadway (¡el «Normandie» no cabe por Broadway!) con la lluvia de papeles viejos, picados en pedacitos que, como una nevada, se lanzan desde todos los pisos a la calle, cada vez que por la gran avenida pasa la comitiva de alguien destinado a recibir las llaves de la ciudad...

Esta vez, las llaves de la ciudad le han sido entregadas a madame Albert Lebrun, esposa del presidente de Francia, la que, a pesar de eso, no ha sido más que una de las pasajeras del «Normandie»...

El «Normandie» es neoyorkino

Se comprende esta actitud de la ciudad de New York hacia el trasatlántico sin paralelo. La realidad es que el «Normandie» no es francés, sino neoyorkino... Aunque haya sido construido en El Havre, y porte bandera de Francia, y se llame «Normandie» es propiedad de New York...

Es lo que pudiera llamarse una propiedad proporcional. Porque, en efecto, en ningún otro puerto del mundo, como no sea en el de New York puede sentirse dignamente anclado el nuevo monarca de la imaginaria Cinta Azul del Atlántico. Verlo, y comprender enseguida que El Havre no puede ser su puerto matriz, es una cosa instantánea. ¡El «Normandie» es un buque para atracarlo al pie del Empire State Building!...

Pero si alguien es ciego y no puede disfrutar del placer de contemplar toda su imponente majestad, entonces bastará con apelar al número para que quede por completo demostrado que el barco es neoyorkino y no francés.

¡El «Normandie» costó $59.000.000!... (Algo así como el presupuesto anual de la República de Cuba...) Con su tamaño la prensa americana ha especulado con larga fruición. Por la sección de sus chimeneas pueden pasar cuatro camiones de frente, de manera que por ellas podría pasar, en ida y vuelta, la Carretera Central de Cuba... Si se quisiera colocar el barco en la Quinta Avenida, no alcanzaría el ancho de la gran calle, ni el de las dos amplísimas aceras laterales, y habría que derribar edificios de lado y lado, hasta que sus bordas de acero quedaran ajustadas por el cañón de los rascacielos... Si se quiere saber lo que es su longitud, entonces, imaginariamente se hace de él un nuevo sky-scraper y resulta que, con la excepción de Empire, que le saca el remate de su torre metálica, es más alto que todos los otros edificios del mundo...

Pero es aún más gráfica la comparación si se coloca el buque detrás del Capitolio de Washington o del de La Habana, y se ve que tan enormes edificios no alcanzaran cubrir la longitud del barco que asoma, de lado a lado, su proa y su popa, de singulares líneas...

Pero si la magnitud del trasatlántico es suficiente para «ciudadanizarlo» en New York, el «Normandie», además, reúne otras condiciones que acaban de definirlo como el buque almirante de la flota neoyorquina.

Entre estas condiciones dos son principalísimas: una, su carácter internacional, y otra, sus récords.

El «Normandie» se parece a New York por su cosmopolitismo. Está hecho en Francia, con gusto y orgullo francés; fue diseñado por un ingeniero naval ruso; los modelos de su casco fueron probados en Alemania, Hamburgo; de los últimos barcos italianos ha derivado lecciones para su velocidad y del portaavión «Lexington», de los Estados Unidos, ha tomado las experiencias para resolver el problema de sus maravillosas maquinarias turboeléctricas. Y, para afirmar su carácter de gran buque cosmopolita, en su primer viaje ha traído una presidente de República, un marahjah hindú, una marquesa española, escritores famosos, modistos, miembros de la Academia Francesa, ingenieros, periodistas, artistas del cine y del radio, ministros y millonarios, y todos han pasado cómodamente desapercibidos...

Por último, su condición de buque detentador de récord lo filia definitivamente como de la bandera de New York. El «Normandie» es el buque más largo, más ancho y más pesado del mundo. Además, es el más veloz barco mercante que jamás se haya construido, pues en su primer viaje ha roto todos los récords existentes: A pesar de haber tenido una noche de niebla y a que, durante doce horas, sufrió la rotura de un tubo de un condensador, logró una velocidad promedio de 29.64 nudos por hora, mejorando la del «Rex», de 28.92; el recorrido total lo hizo en cuatro días, once horas y cuarenta y dos minutos, mejorando también al «Rex», que empleó un tiempo de dos horas y diez y seis minutos más lento. Además, en un solo día recorrió 748 millas, doce más que su rival italiano. Y todo esto sin utilizar el máximum de la potencia de sus 160.000 caballos de fuerza, con los cuales podría mover sus casi 80.000 toneladas —¡doble casi que el «Leviathan»!— a una velocidad mayor de 30 nudos, sin extraordinario esfuerzo y, por añadidura, sin gastar más combustible que el empleado por el «Île de France» en sus 23 nudos!...

Ya se anuncia un intento del «Bremen» y del «Europa», alemanes y del «Rex» y el «Compte di Savoia», italianos, por mejorar la marca del «Normandie», y con esto, y con el viaje inicial del «Queen Mary», inglés, que no tardará un año, se enconará la lucha por la Cinta Azul, emblemática de la supremacía de la velocidad sobre el Atlántico del Norte, y los profetas pronostican que antes de mucho se viajará de Nueva York a Europa en menos de cuatro días...

Filosofía del «Normandie»

El recibimiento de New York al primer buque del mundo ha sido tan estupendo que el único otro espectáculo, comparable al del coloso del mar, ha sido el de la multitud; el de meterse por entre ella, tan enorme, y oír lo que hablaba y pensaba cada uno, en su admiración o en su envidia. Esta vez, los pasajeros, por muy notables que hayan sido, no han tenido otro interés que el de venir en el «Normandie», en su primer viaje...

Los periódicos han amontonado páginas enteras de información y un acopio de maravillosas fotografías. Los titulares de las primeras planas han proclamado la grandeza del monarca del mar. Pero apenas si se han ocupado del otro espectáculo, del que todavía era más imponente, el de la multitud. Yo tengo el gusto de la muchedumbre y me perdí entre ella, para oír, para saber las cosas que no se iban a publicar.

En el Battery Place, cerca del Aquarium, mientras esperaba la llegada un viejo marino, oriundo de Holanda, contaba cosas que él había visto o que le habían contado. Contaba de cuando el «Savanah», primer barco de vapor que cruzó el Atlántico, fue a Liverpool, en 1819, en veintiséis días, rompiendo el «record» de Cristóbal Colón que tardó sesenta y nueve días!... (Y la gente se rió, larga y como bondadosamente de las gloriosas carabelas españolas!...) Luego, recordó que pronto haría un siglo que el «Great Western», que tenía más de 600 pies de largo, tendió el cable submarino, y llegó a cruzar el océano en diez días y medio... Pero un río de gente me arrastró de allí, cuando se vio asomar la proa del «Normandie», escoltado por remolcadores y toques de sirena... Ya entonces no se pudo hacer otra cosa que mirar y asombrarse, hasta más tarde, cuando el barco, después de cuarenta minutos de maniobra logró atracar, lo que también constituyó un récord, pues se recuerda que el «Leviathan», en su primer arribo, tardó más de cuatro horas en hacerlo.

Después la muchedumbre se fue alejando por las calles, en busca de los elevados y el subway, y solo quedaron grupos de «expertos» haciendo comentarios.

Unos, escépticos, proclamaban su desencanto ante el tamaño y la velocidad del barco. Eran los que representaban la inconformidad humana ante todas las obras terminadas y siempre esperaban algo mayor, más grande, mejor. Son los descendiente del primer hombre que inventó el número dos, es decir, la posibilidad imaginativa de duplicar la realidad... Son los que querrían un barco que formara horizonte; que tuviera dentro ciudades que se comunicaran por ferrocarril y hasta por mar; que hubiera guerras dentro del barco, que no hubiera puertos en el mundo capaces de recibirlo y que, mientras unos pasajeros se bajaran por New York otros tuvieran que hacerlo por Cherburgo... Los decepcionados ante el «Normandie» eran los escépticos; los que se burlan de los récords del «Pájaro Azul» de Sir Malcom y piensan ya en las posibilidades de los viajes interplanetarios...

Pero los optimistas eran mucho más numerosos. En ¡ah! de admiración resolvían su asombro jubiloso ante el espectáculo soberbio del barco. Eran los orgullosos de ser hombres; de pertenecer a una especie capaz de haber hecho las Pirámides, el Partenón, la Catedral de San Pedro, el Canal de Panamá y el «Normandie»... Para ellos el barco era una maravilla y ya hablaban, como si las hubieran visto, de las estupendas cosas que traía en su interior, sobre todo, de la piscina, hecha en porcelana de Sèvres, y las lámparas de cristal de Lalique, y el Jardín Botánico y las máquinas poderosas y tan sencillas que solo son atendidas por 125 hombres, de todo lo cual habían dado cuenta las informaciones de los periódicos, en la propaganda asombrosa que se le ha dado al buque...

Por otros grupos, era la historia, la eterna disputa entre lo nuevo y lo viejo lo que salía a relucir. Muchos, despreciativamente, comentaban que el barco parecía un zapato nuevo, acabado de embetunar; que no tenía nada que no fuera tamaño; que era tosco, pesado, a pesar de ser tan ligero... Otros, por el contrario, lo mejor que le hallaban era el que fuera tan nuevo, tan reluciente. Si acaso, la ágil y cortante proa, típica de los veleros antiguos, les parecía anacrónica.

Los primeros pertenecían al grupo de los que piensan que no hay grandeza sin historia, sin tragedia y prefieren al «Titanic», que nunca llegó, o al «Lusitania», torpedeado, a este «Normandie», que parece, de poderoso y rápido, que nunca será hundido, que siempre llegará...

Para los segundos, la grandeza equivale a la historia, haya o no tragedia. Pertenecen a los que saben que el «Empire», antes de estar terminado, por el hecho de ser el edificio más alto del mundo, se hizo tan famoso como el Circo Romano, la Muralla China y el Kremlin de Moscú...

Y les consta que esta nave es ya mucho más conocida que las de Agrippa y las hundidas en Trafalgar...

Psicología del «Normandie»

El «Normandie» ha provocado una verdadera revolución. Los juguetes lo reproducen. Los anuncios lo utilizan. Se ofrecen viajes en él como premios a concurso. Perfumes tienen ya su nombre... ¡Sin duda la grandeza equivale a la historia!... Pero, de todo esto, lo importante sobre todo es la psicología a través de él...

Un periodista americano, al describir su majestuosa entrada, llena de dignidad y de grandeza, dijo que el «Normandie» había llegado dándose la importancia de una prima donna latina...

El capitán del «Rex», el veloz buque italiano, al que el «Normandie» acaba de arrebatar el cetro, envió, con la típica cortesía latina, un cable de sincera felicitación por el triunfo del nuevo «*linner*».

Los capitanes del «Bremen» y del «Europa», alemanes, no enviaron cables; pero, en cambio, se anuncia que ambos buques intentarán romper el tiempo del barco francés... (¿Alsacia y Lorena en el mar?...)

El Director Gerente de la Cunard Line, al conocer el triunfo del «Normandie», se limitó a decir: «*All right*», y cuando se le preguntó si no creía que el «Queen Mary» podría sobrepasar al barco francés, dijo que no sabía nada... (¿Por qué los ingleses no tiene tanta fama de herméticos e inalterables como los chinos?...)

Por su parte, la prensa americana, entusiasmada ante la grandeza del «Normandie», al que llama «Empire» del Mar, recuerda, como avergonzada, que la flota de los Estados Unidos no tiene nada comparable; y los columnistas de más nombre dirigen saetas sangrientas al gobierno por no aumentar la marina yanqui.

Entre la multitud, un ciudadano francés, que aún conservaba en la mano la banderita de su país con la que había saludado el arribo del trasatlántico, comentaba con un grupo el origen del nombre del «Normandie», y afirmaba que de aquella provincia francesa habían salido los más grandes marinos del mundo: los abuelos de Eric el Rojo, el que llegó a América mucho antes que Colón...

En otro grupo, uno, al ver desfilar lentamente, por la línea de muelles, al «Normandie» frente a los otros colosos del mar, que lo saludaban corteses, a pesar de que los disminuía, dijo:

—Las chimeneas del «Resolute» y del «Deutschland» deben ponerse pálidas de envidia!...

Otro, más categórico, aunque medio ironista, aseguró que si él fuera el capitán del «Bremen» y del «Majestic», amanecía colgado en su camarote, por no poder resistir semejante humillación...

Cada uno, en sus comentarios a través del «Normandie», revelaba su sentido de la vida.

Pero lo mejor fue lo último; lo digno de una escena del teatro «Alhambra».

Alguien había estado hablando de historias y hazañas del mar, y se hablaba en el grupo, cuando llegué hasta él, del capitán del «Normandie», René Pugnet. Unos le reconocían méritos y otros afirmaban que cualquiera hubiese hecho su oficio. Y vino la polémica de si los marinos ingleses eran mejores que los franceses; los italianos que los españoles y los holandeses que los alemanes... Unos proclamaban las grandezas de la mecánica y otros glorificaban al hombre, supremo creador... Pero la discusión acabó rápidamente cuando alguien para espantar a todos los contrarios, apeló al supremo nombre del mar; a ese Cristóbal Colón, sustituto de Neptuno en la mitología moderna, eterna fuente de discusión entre España e Italia, y afirmó:

—¿Qué no hubiera hecho Colón al mando del «Normandie»?...

Y el contrario, vencido, apeló al truco, y respondió:

—Mire, si usted sube a Colón al «Normandie», ¡no sabe ni para dónde le queda el Norte!...

El grupo se disolvió entre risas y el buque, a poco, ante infatigables admiradores asombrados, recibió los chorros lumínicos de los reflectores, para dar la sensación de que era un pedazo de Broadway en el mar...

Este es el gigantesco navío francés que New York ha recibido como propio, porque lo necesita; porque tuvo en sus días al «Great Western», al «Alaska», al «Majestic», al «Lusitania» y al «Leviathan»; pero a pesar del «Bremen» y del «Rex», le hacía falta en su puerto el buque que no sintiera la humillación del Washington Bridge ni del Empire State...

Algún día, cuando New York construya su primer edificio de 200 pisos, el «Normandie» le resultará viejo y pequeño, y lo venderá como hierro viejo, igual que al «Leviathan»...

Y un nuevo coloso del mar no tardará en ser recibido triunfalmente en sus aguas...

Carta al Comité Central del Partido Comunista de Cuba[58]

New York, 23, 10, 1935
La Habana, Cuba.
Estimados compañeros:
Por acuerdo del Comité Ejecutivo de esta Delegación Central de ORCA, acuso a ustedes recibo de su comunicación de 26 del pasado mes. Dicha comunicación fue leída por el que suscribe en reciente reunión del Comité y sobre la misma recayeron los siguientes acuerdos que les traspaso.

Considerar absolutamente justo el apartado primero de las condiciones fijadas por ustedes como base para una insurrección victoriosa. En efecto, nosotros consideramos —y por ello luchamos por el *Frente Único*— que las probabilidades de victoria se reducen al mínimum con nuestras fuerzas divididas y afirmamos, además, el peligro culpable en que se incurre si todos no hacemos el mayor esfuerzo por lograr esta unión.

Considerar impracticable, por razones tácticas, el segundo apartado de las condiciones de ustedes, ya que la misma lucha titánica que mantenemos por el *Frente Único* demuestra la desunión grande y visible entre los sectores, desunión que hace imposible el apoyo unánime que necesitaría un movimiento de huelga general hoy en Cuba. Además, pensamos, con vistas al fracaso de la última huelga general, que la situación ha llegado a nuestro país, a la fase última de la insurrección armada, y que todos los esfuerzos deben concentrarse

58 *Pensamiento Crítico*, La Habana, no. 39, abril de 1970, págs. 306-308.

en este hecho, llegado el cual sí puede y debe precipitarse el movimiento obrero y campesino en toda su pujanza.

Considerar no solo impracticable, sino también impolítico, la tercera condición propuesta por ustedes atendiendo a que la revolución, precisamente, tiene que destruir, sangrientamente, ese ejército. El odio del pueblo de Cuba hacia él es intenso e incurable. El soldado de Cuba ha dejado de ser soldado. No es, a nuestro juicio, más que un instrumento brutal de represión contra el cual todo odio está justificado. Solo se le conquistará a sangre y fuego. Entonces pasará a nuestras filas. Y entonces estaremos en condiciones de hacer otro ejército. Ustedes no deben perder de vista que una cosa es el soldado rojo y otra el soldado amarillo. Una cosa es el soldado de Batista y otra el que tendrá que surgir de la revolución. Es decir, que consideramos que con este ejército no debemos utilizar otro argumento que el de la ametralladora y el fusilamiento sin cuartel.

Considerar que la cuarta base de ustedes, con la que en lo absoluto estamos de acuerdo, nos da toda la razón en lo anterior, ya que solo un ejército nacido de la revolución y alerta ante ella puede darnos la garantía de su duración.

Considerar, asimismo, como justa y honrada la quinta base de ustedes por la cual también venimos luchando, aunque con éxito parecido al logrado hasta ahora por ustedes.

Agradecemos a esa organización las frases de aliento que nos dirige y, desde luego, no tenemos que aclarar que las divergencias formales que aparecen en esta réplica, van hechas sin fin polémico externo ninguno y solo como aclaración de puntos de vista largamente pensados y sentidos.

Con saludos revolucionarios, Secretario General de ORCA

Toque de rebelión[59]

La campana de La Demajagua sonó su glorioso toque de rebato en la madrugada del 10 de octubre de 1868, llamando con su estridor de bronce a la lucha por la libertad y la independencia... Desde entonces ¿cuándo ha dejado de repicar? Por campos de humillación, por pueblos de servidumbre, el eco de sus estremecimientos metálicos ha recorrido las generaciones de cubanos, como un temblor de fiebre sobre los cuerpos enfermos. ¿Cuándo ha dejado de sonar en Cuba el repique de la campana llamando a la lucha por la libertad y la justicia? ¿Cuándo ha dejado de haber esclavos en nuestro país? ¿Hasta cuándo habremos sentir en nuestros corazones, como una cosa lúgubre, ese repique sombrío, ese sonar de bronce, llamándonos a la pelea y a la muerte? ¿Hasta cuándo habrá víctimas gloriosas y traidores aprovechados?...

La campana de La Demajagua no sonó por primera vez en la mañana del 10 de octubre de 1868. Ya había sonado antes dentro del hercúleo pecho de Narciso López; ya había sonado antes en las esperanzas suicidas de Agüero y Pintó; antes aun, ya había soñado en el grito de libertad de Cornelio Robert, en el paredón ametrallado de Santiago de Cuba...

La campana de La Demajagua no ha dejado de sonar nunca. Vibró su aliento metálico durante diez años de heroísmo y alcanzó su más violento rebato en la protesta de Antonio Maceo, el infatigable, ante la tregua del Zanjón; vibró con Calixto García, en la Guerra Chiquita; se expandió por todo el continente, en el corazón, sonoro como una campana de oro de José Martí.

59 *Frente Único*, Nueva York, octubre de 1935.

Vino la «independencia» y la campana de La Demajagua siguió sonando, porque a ella no se le podía engañar, porque ella es el alma vibrátil del pueblo de Cuba y solo enmudecerá cuando este esté tranquilo y pueda descansar de sus contiendas... Siguió sonando la campana de La Demajagua, bajo las claudicaciones de Estrada Palma; bajo los robos y la carnicería cobarde de negros, de José Miguel Gómez; bajo los fraudes electorales y las matanzas de La Chambelona, de Menocal; bajo el gabinete de Crowder, de Zayas; bajo la sombra de sangre de Machado...

El 4 de septiembre, presintiendo la traición, repicó con más violencia que nunca, y el pueblo, por un momento, pensó que era, por fin, el toque de la libertad... Pero la campana sigue sonando, día a día, con un tono lastimero, con un tono de agonía... ¡Siempre suena la campana!...

¡Sonó, cuando cayó Martí y cuando terminó la vida de Antonio Maceo!...

¡Sonó cuando asesinaron a Julio Antonio Mella, por la espalda y cuando Trejo dio su vida a la revolución!...

¡Sonó, cuando Jesús del Sol y Rubierita —¡dos niños!— fueron ametrallados!...

¡Sonó, cuando Antonio Guiteras y Carlos Aponte cayeron como dos leones, luchando contra la traición!...

¿Hasta cuándo sonará la campana? ¿Hasta cuándo, Cuba, tierra fecunda en héroes, será juguete de los traidores? ¿Hasta cuándo permaneceremos desunidos, entregando el pueblo y la revolución a los arribistas y a los traidores? ¿Hasta cuándo sonará, por nuestra culpa la campana?...

¡Ya es hora de que la campana descanse. Lleva más de un siglo vibrando... Lleva más de un siglo tocando a rebato y a funeral... ¡Ha despedido a miles de héroes y ha comenzado mil combates!...

¿No es hora ya de que vibren juntos todos los impulsos de la revolución?

¿No es hora ya de la llamada final para el triunfo y la liberación?

Caffery y las elecciones[60]

Estaría bien preguntar ¿cuándo ha habido unas elecciones honradas en Cuba?, pero mucho mejor aún, sería preguntar: ¿cuándo ha habido elecciones más desvergonzadas que estas que intentan llevarse a cabo ahora?

Porque ni el fraude escandaloso que precipitó La Chambelona, ni la pantomima de las que reeligieron a Machado se le pueden comparar.

Hagamos un análisis de la situación. ¿Quiénes concurren a esas elecciones? Vasconcelos, Carlos Manuel de la Cruz, Miguel Mariano Gómez y Menocal. Es decir, machadistas convictos y politicastros sin calificativos ya. Por otra parte, ¿quiénes son los que no concurren a las elecciones? Ninguno de los partidos revolucionarios. Ni los auténticos, ni la Joven Cuba, ni los comunistas, ni el Partido Agrario, ni el Apra, ni el Partido Bolsheviqui-Leninista.

Además, ¿quién apoya a las elecciones y quiénes la combaten? De un lado, el sargento Batista y toda su canalla amarilla: todo el aparato de represión y de terror, verdadera copia ampliada del machadato, que hoy impera y campea en Cuba, y los auténticos machadistas de oficio, disfrazados unas veces y otras a la descarada; mientras que, por el otro lado, se oponen a las elecciones, tres mil hombres encarcelados; dos mil exiliados, las organizaciones de lucha revolucionaria, como IR y ORCA; los estudiantes todos; las agrupaciones obreras; el pueblo de Cuba, en resumen, descontando de él a los chupópteros del presupuesto nacional.

El cuadro es tan claro, tan preciso, que resulta innecesario hacer comentario alguno.

60 *Frente Único*, Nueva York, octubre de 1935.

Solamente podría preguntarse: ¿por qué, entonces, se celebran esas elecciones y quién las impulsa? Y no es muy difícil responder a ello.

La revolución ha convulsionado a Cuba, que pretende, nada menos, que arrancarse de las manos del imperialismo yanqui; que pretende, nada menos que recuperar sus tierras, sus medios de cultivo y de producción. Y el imperialismo yanqui tiene que acabar de cualquier manera, con tales ideas que pueden representarle, de triunfar, la pérdida de una de sus colonias más ricas y productivas, la pérdida de una de sus fuentes de ingreso más jugosas.

Para eso está Caffery en Cuba y por eso las elecciones se intentan llevar adelante, por encima de todos los obstáculos. Porque dentro de los planes de defensa del imperialismo, una de las tácticas jamás olvidada, es la del recurso de la «legalidad».

Para responder a los ataques, cada día más claros que se le hacen, aun en su propio país, el imperialismo norteamericano ha recurrido siempre, en todos los pueblos de Hispanoamérica al recurso de la LEGALIDAD, representado por elecciones artificiales, con las que siempre ha pretendido poner fin a todas las gestas revolucionarias de nuestros pueblos.

Y por eso está Caffery en Cuba. Porque él es un perro viejo en estos trucos, y sabe que es necesario acabar el período de presidentes provisionales para evitar los ataques de la opinión, que él sabe que lo que le conviene al imperialismo, no es la táctica de la intromisión directa, sino indirecta; sabe que mejor que los *marines yankees* son los soldados nativos dirigidos por jefes traidores, él, que en Colombia perdió el escrúpulo de la sangre, sabe que es mejor que la sangre de los pueblos hispanoamericanos caiga sobre sus presidentes que sobre los embajadores *yankees*; sabe que corromper la moral y la mente de los pueblos es la mejor garantía de su servidumbre... Por eso está Caffery en Cuba, porque lo sabe todo... Todo, menos que, con un pueblo que pelea las trampas no valen y haya o no haya elecciones, irá a la revolución, a conquistar sus tierras robadas y a disponer, por sí mismo, de su propia riqueza para sí, para su beneficio propio y no para entregarla en manos de quienes ni siquiera saben en qué lugar del mundo está nuestro país, aunque saben que nuestro país les da para *yachts*, máquinas, lujos y fiestas sin recibir a cambio más que el sudor de los trabajadores, la cadena de los empréstitos, la burla de las elecciones y la hipocresía rapaz de los embajadores...

La voz de Martí[61]

Aquel que quiso con los pobres de la tierra echar su suerte; aquel que tuvo, para Cuba que sufría, la primera palabra; aquel que para cada pueblo de América oprimido grabó una frase de admiración y de orgullo; aquel que para el negro y para el indio, vejados y explotados, levantó su voz estremecida de emoción; aquel que hizo del decoro, norte de la conciencia de los hombres; aquel que proclamó que la patria no era de nadie, sino para todos y no pedestal para el triunfo sino ara para el sacrificio, para la agonía y el deber; aquel, en fin, que fue grande y será eterno, solo porque toda su vida no fue más que la versión hecha hombre de un pueblo entero; porque simboliza como ningún otro toda la vida y la historia y las penas y los sacrificios y las luchas siempre inconclusas del pueblo de Cuba, y tuvo como él el corazón generoso y cordial, el ánimo valiente y la heroica y sencilla virtud de sufrir y sonreír a un tiempo, habla de nuevo a su pueblo por la voz de la revolución.

Hoy, en la fecha de su natalicio, cada hombre de la revolución ha de sentir un estremecimiento de su conciencia. ¿Ha cumplido cada cuál con su deber?

Todos los voceros revolucionarios evocan siempre a Martí; todas las páginas se cuajan con sus pensamientos; todos los oradores citan el ejemplo de su vida. Todas las organizaciones manifiestan mantener la ideología de Martí y la decisión de luchar por ella hasta morir. Mas, ¿se ha interpretado la vida y el pensamiento del héroe sin odios?

61 *Frente Único*, Nueva York, año 1, no. 3, 28 de enero de 1936.

Cabe recordar, ahora más que nunca, que la revolución por que luchamos es justamente aquella que cayó abatida con el balazo fatal de Dos Ríos.

Con la visión más clara ya de nuestros problemas; con nombres de la grandeza de Mella y Martínez Villena, y de Guiteras, caídos también en la contienda interminable, no podemos olvidar que en aquella frente, enorme y luminosa como un día de Sol, una bala anónima destrozó el épico amanecer de la lucha antimperialista en América.

Martí señaló el peligro. Él adivinó que se aproximaba el momento en que el monstruo cuyas entrañas conocía, una vez resueltos sus problemas de desarrollo interno, se iba a lanzar a la rapiña inmisericorde y a la vez hipócrita. Él vio que la despedida de España de América no era la libertad de Cuba sino el comienzo de la esclavitud yanqui. Y, en la encrucijada de la historia, lanzó su pueblo a la guerra, porque ya la revolución era en su mente —angustiado corazón del pueblo cubano— no un mero estallido de decoro, sino una obra previsora de pensamiento.

Martí auscultó las palpitaciones de la tierra esclavizada y hasta que no la sintió vibrar colérica, respondiendo a sus campañas, no dio su voz. Martí, uno por uno, con el arte sutil de un tejedor, fue enlazando, por el decoro y el deber, a los hombres todos de la revolución y cuando Cuba vio unidos ante la muerte y la libertad, a Máximo Gómez, Antonio Maceo, Flor Crombet y Calixto García, ella misma lanzó a los mambises a sus maniguas y hasta el mismo grito de Martí no hizo falta y llegó tarde.

Hoy hay que hacer lo mismo, pero la tarea es más fácil porque es más clara. La lucha antimperialista no está ya en su amanecer, sino en un día pleno y toda la revolución la pregona.

Mas es preciso hacer lo que dicta la voz de Martí. Es preciso tejer a los hombres entre sí, corazón con corazón para ante la muerte y la libertad, a fin de que el pueblo responda vibrante de triunfo y, ahora como entonces, ordene a los nuevos mambises la pelea en las viejas maniguas.

Y la hora es la justa para ello y Martí mismo dio la fórmula: juntarse; que para él, además, era la palabra del mundo...

El muñeco de turno[62]

Por medio de «las elecciones más honradas y ordenadas que ha habido en Cuba», Miguel Mariano Gómez ha sido electo presidente de la República, y ocupará, por tanto, «la silla de Doña Pilar», como en remotísimos tiempos se llamaba a la silla presidencial cuando esta era más importante que la «montura» de Columbia.

Procede, pues, hacer la biografía del títere de turno.

Todos recordarán que el futuro «presidente», fue uno de los más regocijados protagonistas de *La Política Cómica*, cuando esta compendiaba todo el buen humor criollo, y, ora como el Príncipe Danubio y sus aventuras drolátícas, ora como Calibre 88 y sus espeluznantes hazañas, vino a ser algo así como el Barón del Calzoncillo y el Bonifacio Buscabulla de los tiempos buenos de *La Semana*. Gracias a ello, Miguel Mariano Gómez es uno de los más notables tipos de relajo de la enciclopedia del choteo nacional. Probablemente, gracias a ello, ha podido llegar a «presidente».

Pero la República no ha tenido un presidente que no haya sido «héroe» de algo. Miguel Mariano es el «héroe de Luyanó», y todos recuerdan su valor espartano al recibir los telefonemas de Pino[63] pidiéndole el auxilio prometido... y, más tarde, la serenidad con que arrostró el desprecio nacional al salir para el extranjero protegido por el gobierno de Machado...

Sin embargo, hay que reconocer que tiene «su hoja revolucionaria». Se fue a La Chambelona «con papá» y con él,

62 *Frente Único*, Nueva York, año I, no. 3, 28 de enero de 1936.

63 Arturo del Pino Ramírez. Encargado de tomar la capital en la insurrección de agosto de 1931. Murió en el intento.

gloriosamente, se rindió en Caicaje[64] y sufrió en El Príncipe aquel horrible cautiverio a base de visitas y arroz con pollo diario. Más tarde, cuando Machado quiso controlar la Alcaldía de La Habana, se le opuso con su innata ferocidad y después del estoicismo telefónico demostrado en el episodio de Pino, se fue a su famoso exilio de los hoteles de New York.

Ahora, en premio a su vida de sacrificios por la patria, le espera la gloria presupuestal.

Batista, que ya convirtió en dócil mula de acémila a quien parecía indomable borrego, se siente feliz ante esta nueva monta mansa y pacífica, que no pasa de la categoría de pony de circo de barrio... Y a Caffery se le aguan los ojos, al contemplar las habilidades populacheras de su nuevo ahijado, gran organizador de congas y chambelonas de mitin...

La Revolución, por su parte, piensa que si algo bueno hizo Carlos Miguel de Céspedes, fue el levantar tantos sólidos y artísticos faroles frente a la casa de Miguel Mariano, y si algo bueno ha hecho el imperialismo en Cuba, ha sido el construir la fábrica de sogas de Matanzas...

64 Se refiere al alzamiento militar de los liberales —11 de febrero de 1917— ante la reelección fraudulenta de Menocal. José Miguel Gómez, su Estado Mayor y su hijo Miguel Mariano, se rindieron el 7 de marzo en Caicaje.

Circular a las organizaciones revolucionarias[65]

Marzo 23, 1936.
Estimado compañero:
Los exiliados revolucionarios cubanos, residentes en la ciudad de New York, en su deseo de laborar por el triunfo de la revolución cubana.

CONSIDERANDO:

1. Conjuntamente con las masas revolucionarias de nuestro pueblo, que la formación de un sólido *Frente Único* antimperialista es un paso previo absolutamente imprescindible para la victoria del movimiento y la consolidación definitiva de la obra revolucionaria; y

2. La enorme responsabilidad actual e histórica que pesa sobre todos los revolucionarios y principalmente sobre los dirigentes de los partidos y organizaciones que han asumido la dirección de la revolución si una actuación torpe por su parte condujera a un fracaso o al estancamiento del proceso revolucionario, hemos acordado comunicarnos con todos los dirigentes de las organizaciones de izquierda para que nos expresen su opinión sobre las siguientes cuestiones:

¿Está usted de acuerdo, en principio, con la formación de un *Frente Único*, con programa de lucha antimperialista?

En caso negativo: ¿podría usted manifestarnos qué otra fórmula hará posible el triunfo de la revolución?

65 *Pensamiento Crítico*, no. 39, abril de 1970, págs. 328-329. Este mensaje fue enviado a las siguientes organizaciones: Joven Cuba, Partido Comunista, Partido Agrario Nacional, Partido Auténtico, Izquierda Revolucionaria, Organización Auténtica, Legión Revolucionaria.

En caso positivo: ¿cuál cree usted la fórmula más práctica de que dicho *Frente Único* antimperialista cristalice en una realidad patente?

¿Qué opina usted sobre la solución propuesta por nosotros, en la cual se discutan estos problemas de que se celebre una conferencia de delegados de todas las organizaciones de izquierda enviada ya a todos los partidos y organizaciones?

¿Cree usted que cualquiera de las organizaciones o partidos existentes en la actualidad puede realizar por sí solo la revolución?

El estudio de este cuestionario hará comprender a usted que solo nos guía el sincero deseo de encontrar una solución rápida a los actuales problemas de la revolución cubana, que desgraciadamente para nosotros presenta un cuadro de múltiples divisiones que trae como consecuencia la creciente desconfianza y falta de fe de nuestro pueblo en los organismos de la revolución

POR TANTO

Esperamos que usted corresponda a nuestra petición con su más rápida respuesta.

Por Cuba y la Revolución

La Comisión

Compañero:

Por acuerdo de la asamblea de exiliados en que fue aprobado el anterior cuestionario, como Secretario de la misma envío a usted esta copia, rogándole que remita a mi nombre, por el conducto utilizado para su entrega, la contestación que decida dar.

Atentamente,
Pablo de la Torriente Brau

Hombres de la Revolución[66]

Está próximo el primer aniversario de la caída de los héroes Antonio Guiteras y Carlos Aponte, hombres de leyenda, buenos para morir juntos, sobre el suelo suave y dulce, dramático y sangriento de Cuba.

Yo no me propongo recordar sus vidas aquí; ellos fueron, sencillamente, hombres de la revolución. Que no venga nadie entre la muchedumbre de los hombres, sembrando asombro, pánico, admiración y envidia. Nada más. Ellos fueron hombres de la revolución. Y ni me interesa, ni creo en el «hombre perfecto». Para eso, para encontrar eso que se llama «el hombre perfecto» basta con ir a ver una película del cine norteamericano.

Los dos tuvieron excesos imprudentes y errores graves. Carlos Aponte era un desbordamiento de la virilidad lo que padecía y Antonio Guiteras sufrió como pocos la angustia caliente de la revolución.

Carlos Aponte tuvo culpa, sin duda, porque no concibió sino la línea recta, ni creyó en otra cosa que en la justicia revolucionaria, ni en su imaginación entraron para nada, razones científicas, o de familia, o de interés, que pudieran justificar las acciones culpables de los otros.

Como para él la vida era la revolución, escribió el código de esta en el cañón de una pistola, y fue tumultuoso y terrible. Acaso alguna vez fue injusto. Acaso alguna vez fue implacable. Pero tuvo el vicio de la amistad, y para él sus amigos eran sus «hermanos», siempre que no se apartaran de

66 Pablo de la Torriente Brau, *Pablo. Obras escogidas*, prólogo de Fernando Martínez Heredia, selección y notas de Diana Abad, La Habana, Universidad de La Habana, 1973, págs. 331-335.

la revolución. Y tuvo, además, el vicio del desinterés. Como todo lo daba, propio no tuvo ni la pistola, y más de una vez disparó con el arma quitada al enemigo en la acción anterior. Pero tuvo, sobre todo, el instinto de la brújula que marca el norte inflexiblemente, y él también señaló siempre al norte, como causante de todos los males de América. Y fue cruel con los hombres del norte, y a su muerte nadie hubiera podido recordar la lista de los nombres de los hombres que mató en Nicaragua. Los ojos se le encendieron en el júbilo sangriento de los combates en Venezuela, en Cuba, y en Nicaragua: fraternizó con luchadores revolucionarios en las cárceles de Colombia; de Cuba y del Perú; y porque su palabra fue demasiado insolente y clara, tuvo que salir de Chile y del Ecuador. Cuando llegó a un pueblo de América y en él no encontró ocasión de pelear, pasó a otro. México fue su refugio dos veces. En Panamá y El Salvador, planeó su partida para nuevos combates. Quería a los indios de Honduras, los nietos de Lempira, la «tropa cojúa» de Sandino. Nadie ha sido nunca más americano que Carlos Aponte. Odió y amó con la turbulencia de una juventud frenética. Tenía la vitalidad salvaje de la selva y el esplendor pánico de los «llanos» interminables de Venezuela. Fue un protagonista de *La Vorágine*. Fue un hombre de las avalanchas. Fue un turbión. Fue un hombre de la revolución. No tuvo nada de perfecto.

Antonio Guiteras cometió errores graves. En su apasionante carrera política hay páginas buenas para que un historiador sin miedo diga la verdad y la angustia de un hombre honrado en la encrucijada de los dilemas terribles. Mas Antonio Guiteras, como quien sale vivo de una emboscada, pasó por esos momentos, abrumado, pero seguro en su fe, en su fiebre por la revolución. Porque la revolución fue como una fiebre en la imaginación de este hombre.

Y por eso tuvo delirios terribles, alucinaciones potentes, hermosas fantasías y sueños maravillosos e irrealizables para él. Era como un hombre que, despierto, quisiera realizar lo que había concebido soñando. Y muchas veces no conoció a los hombres, e hizo confianza en quien no la merecía y llamó su amigo a quien sería traidor y supuso talento en algún cretino. Tuvo, arrastrado por su fiebre, el impulso de hacerlo todo. E hizo más que miles. Y tenía el secreto de la fe en la victoria final. Irradiaba calor. Era como un imán de hombres y los hombres sentían atracción por él. Les era misteriosa, pero irresistible, aquella decisión callada, aquella imaginación rígida hacia un solo punto: la revolución. Tuvo también defectos. El día del castigo no hubiera conocido el perdón. Era un hombre de la revolución. Tampoco tuvo nada de perfecto.

¡Antonio Guiteras y Carlos Aponte!

Yo he señalado hoy rasgos de sus vidas que las normas «clásicas» aconsejan callar en las solemnes conmemoraciones. Pero no importa, porque ellos eran hombres de la revolución. Y lo que ellos quisieran al año de muertos, lo hemos intentado y lo seguiremos intentando. Y lo vamos logrando ya, y al fin lo lograremos. Que ellos también sabían, que la revolución no era la fiesta de un día, sino la lucha y el sacrificio «hasta después de muertos»...

Nada importa que haya habido durante todo este año una pasividad incalificable de parte de algunos. No importa que haya quien se sienta pesimista o cansado. No importa que inclusive, en este primer aniversario de la muerte de dos héroes verdaderos, haya acaso voces de lamentación insincera e hipócritas alabanzas. Nada de eso importa. La revolución es parte de la vida y no puede sustraerse a las realidades de la vida. La revolución no es el sueño de un poeta solitario sino la canción imponente y sombría de la muchedumbre en marcha. Y porque así es la revolución, Antonio Guiteras y Carlos Aponte fueron hombres de ella. Y la revolución es grande, a pesar de todo, porque solo en ella pueden encontrarse hombres tales, porque solo en ella pueden encontrarse hombres así, capaces de tener el valor, la dignidad, el desinterés y la angustia de muchos. Capaces de tener, de sobra, lo que les falta a tantos...

Lo que ellos quisieran, al año de muertos, se ha intentado y se seguirá intentando, por todos aquellos —¡por tantos!— que no consideran la revolución como un episodio interesante de la juventud, que al cabo del tiempo puede dar buen tono; por todos aquellos que no consideran a la revolución como una oportunidad para adquirir habilidad y prestigio políticos con qué escalar algún día altos sitiales; por todos aquellos que no consideran a la revolución como una posibilidad, ni la ven como pontífices bajo palio, desde unas alturas que más tienen de tinglado de la feria que del vértigo ascendente de la montaña.

Lo que ellos quisieran, al año de muerto, se ha intentado y se seguirá intentando, por todos aquellos incapaces de decepción; incapaces de perder la fe y el entusiasmo; por todos aquellos incapaces de ver en la revolución un episodio de la juventud, sino un férvido deber para toda la vida; por todos aquellos que no le deben nada a la ocasión; por todos aquellos para quienes el esfuerzo de hoy no representa más que un compromiso mayor para mañana; para todos aquellos que no ocupan alturas displicentes sino que marchan, entre la muchedumbre de los sin fortuna, con la angustia de averiguar por qué claman y el deseo de que tengan los hombres humildes la conquista plena de sus derechos humanos.

Lo que ellos quisieran, al año de muertos, aún alienta. El pueblo de Cuba está alerta. El pueblo de Cuba, con el cansancio del largo combate inclemente, siempre sin rendirse, espera la oportunidad para lanzarse a la pelea de nuevo. El fuego de aquel aliento vencedor en el que quemaron sus vidas Guiteras y Aponte, no se ha apagado, porque las cenizas de los héroes cayeron sobre él y lo conservan. Y él incendiará en su día el viento tempestuoso de la revolución.

¡Antonio Guiteras y Carlos Aponte!

Las balas homicidas les destrozaron la cabeza y el corazón, y aquel entusiasmo indómito que vivía en ellos se apagó de pronto. El imperialismo nunca yerra. Siempre da en la diana. Nunca pierde un tiro. Siempre mató a los mejores. ¡Hasta un día en que le estallará el arma en las manos!

Pero no importa. Ningún héroe es verdadero, si no es más grande en la muerte que en la vida, si no queda más vivo que nunca, después de su muerte. Si no es capaz de engendrar alientos en los que no lo conocieron sino por la leyenda, que es la única historia de los héroes verdaderos.

Y Antonio Guiteras y Carlos Aponte, al año de su muerte conservan, aumentados, aquel ímpetu estremecedor, aquella audacia ilímite, aquella fiebre de sacrificio y de victoria. Los hombres que no los conocieron, se reúnen en silencio, con los ojos atónitos, llenos a la vez de pavor y de júbilo, a escuchar lo que hicieron, de boca de los que fueron sus amigos. Y a su vez van a narrar a otros las hazañas de los héroes muertos. Así, en el corazón del pueblo noble y valiente, se conserva cálido aquel recuerdo que ya es sagrado, de quienes con él marcharon y para él sacrificaron la vida.

Y hoy están más presentes que nunca. Hoy son aquellos a quienes el pueblo llama y a quienes el pueblo sigue. Hoy son los que mantienen la fe y el entusiasmo. ¡Hoy son los jefes de la revolución!

¡Que se callen las bocas hipócritas! ¡Que se aparten los «desencantados» y los «pesimistas», todos los que creen que la revolución es un problema del almanaque, o un itinerario de ferrocarriles, o el entusiasmo de un día!

La revolución va construyendo, con sillares de entusiasmo, abnegación, desinterés y sacrificio, el lujoso palacio del futuro, y el que quiera hacer de cúpula brillante, que pruebe antes a ver si resiste hacer de oscuro cimiento. Aunque sea para saber si podrá soportar las ráfagas huracanadas de la altura.

Ha pasado un año desde aquella caída épica de El Morrillo. La revolución dobló la rodilla y siguió adelante. Y seguirá siempre, por encima de todas las caídas. A cada nuevo asesinato, dobla la rodilla, besa la tierra donde ha muerto un héroe, y sigue adelante, porque la revolución como Anteo al contacto con su madre la Tierra cobra fuerzas, calor y vida, cada vez que una injusticia o un crimen pretende detenerla.

Antonio Guiteras y Carlos Aponte recibieron el estímulo de otros héroes también sacrificados. El ejemplo de sus vidas, ha llevado después a otros muchos a la noble inmolación.

Hoy es el día bueno para el recuerdo de todos. Los ciudadanos de la revolución se llaman héroes y mártires. Y esa ciudadanía solo se consigue con el sacrificio, el valor, el desinterés y la constancia. ¡Y solo se otorga con la victoria o con la muerte!

Porque así son sus ciudadanos, y porque lucha por el bienestar de los que nunca lo han tenido, la revolución va adelante, paso a paso, sobre todos los obstáculos y todos los pesimismos. Y nada le importan las maniobras de la política criolla; ni las astucias sangrientas del imperialismo brutal de los yanquis; ni la decepción de los pobres de espíritu; ni la estúpida ceguera de los de estrecha visión; ni menos aún la torpe ambición personal de algunos pocos figurantes, disfrazados de emperadores en el fugaz escenario de la vida pública.

La revolución va adelante, por encima de todo, y eslabona ya sus fuerzas y arrincona los obstáculos. La revolución se organiza. Va adelante, por encima de todo.

¡Porque hay hambre cruel en el pueblo de Cuba y hambre cruel en los pueblos del mundo!

¡Porque hay injusticia y hay crimen!

¡Porque hay esclavitud y hay traición!

¡Porque hay heroísmo y hay sacrificio!

¡Porque hay hombres como Antonio Guiteras y Carlos Aponte, vivos después de muertos, cuyos nombres estremecen como un remordimiento y alientan como un triunfo!

La revolución va adelante. ¡Por encima de todo!

Nueva York, 22 de abril de 1936

Libros a la carta

A la carta es un servicio especializado para
empresas,
librerías,
bibliotecas,
editoriales
y centros de enseñanza;
y permite confeccionar libros que, por su formato y concepción, sirven a los propósitos más específicos de estas instituciones.

Las empresas nos encargan ediciones personalizadas para marketing editorial o para regalos institucionales. Y los interesados solicitan, a título personal, ediciones antiguas, o no disponibles en el mercado; y las acompañan con notas y comentarios críticos.

Las ediciones tienen como apoyo un libro de estilo con todo tipo de referencias sobre los criterios de tratamiento tipográfico aplicados a nuestros libros que puede ser consultado en Linkgua-ediciones.com .

Linkgua edita por encargo diferentes versiones de una misma obra con distintos tratamientos ortotipográficos (actualizaciones de carácter divulgativo de un clásico, o versiones estrictamente fieles a la edición original de referencia).

Este servicio de ediciones a la carta le permitirá, si usted se dedica a la enseñanza, tener una forma de hacer pública su interpretación de un texto y, sobre una versión digitalizada «base», usted podrá introducir interpretaciones del texto fuente. Es un tópico que los profesores denuncien en clase los desmanes de una edición, o vayan comentando errores de interpretación de un texto y esta es una solución útil a esa necesidad del mundo académico.

Asimismo publicamos de manera sistemática, en un mismo catálogo, tesis doctorales y actas de congresos académicos, que son distribuidas a través de nuestra Web.

El servicio de «libros a la carta» funciona de dos formas.

1. Tenemos un fondo de libros digitalizados que usted puede personalizar en tiradas de al menos cinco ejemplares. Estas personalizaciones pueden ser de todo tipo: añadir notas de clase para uso de un grupo de estudiantes, introducir logos corporativos para uso con fines de marketing empresarial, etc. etc.

2. Buscamos libros descatalogados de otras editoriales y los reeditamos en tiradas cortas a petición de un cliente.

Made in the USA
Monee, IL
16 September 2026

63314052R00100